KB262730

나 홀로 명상

김승석 변호사의 ● 사띠빠타나 ● 따라하기

불광출판사

[일러두기]

- 이 책에서 주로 인용한
  『디가니까야』, 『앙굿따라니까야』, 『청정도론』, 『아비담마 길라잡이』는
  대림 스님, 각묵 스님께서 번역하신 한글번역본입니다. 또한 『맛지마니까야』,
  『쌍윳따니까야』는 전재성 교수님께서 번역하신 것입니다.

- 이 책에서는 다음과 같이 약어를 사용하였습니다.
  AN. Aṅguttara Nikāya (증지부)
  DN. Digha Nikāya (장부)
  MN. Majjhima Nikāya (중부)
  SN. Saṁyutta Nikāya (상응부)
  Vis Visuddhimagga (청정도론)

- 이 책에서는
  니까야 속의 소(小) 경(經)들은
  「출입식념경」 「염신경」 「사념처경」 등과 같이 「」로 표기했습니다.

나 홀로 명상

김승석 변호사의 ● 사띠빠타나 ● 따라하기

부처님께 예경합니다.

·

가르침에 예경합니다.

·

청정 승가에 예경합니다.

기억합니다. 1년 전 제주도의 여행을. 이때 출리산방을 처음 방문하였습니다. 그 때의 감귤 향기와 주인님의 융숭한 대접에 감사드립니다.

출리산방(出離山房)은 소치 김승석 변호사님의 개인 수행도량입니다. 산방에 앉아 있으면 원시의 태고적 자연을 그대로 간직한 제주도의 돌담과 나무가 보이고 멀리 바다가 훤히 다 보입니다. 무엇보다 상쾌한 바람이 그대로 불어오고, 앉아있으면 저절로 명상이 되는 매우 기분 좋은 곳입니다.

한편 고개를 돌려서 서가에 꽂혀 있는 책들을 보면, 마치 초기불교를 전공하는 학자의 서재에 들어온 느낌이 듭니다. 김승석 변호사님은 매일 사띠빠타나 수행을 하시면서 아울러 수따니빠따, 니까야와 같은 초기경전들과 위숟디막가와 아비담마타상가하와 같은 논서를 공부하고 있음을 알고 놀랐습니다. 부처님의 말씀을 통해 스스로 수행을 점검받고 계시는 모습이 참으로 인상적이었습니다.

그런데 이제 『나 홀로 명상』이라는 제목으로 사띠빠타나 수행에 관한 책을 출간한다면서 원고를 보내오셨는데, 한 줄 두 줄 읽으면서 다시 한 번 김승석 변호사님의 수행력과 학문적 열정에 놀랐습니다. 특히 본문에서 사띠빠타나 수행의 준거라 할 수 있는 염처경에 대해 깊이 있게 다룬 것을 보고 개인적으로 참 반가웠습니다. 국내에서는 염처경이 널리 알려져 있지 않기 때문입니다.

염처경은 초기불교를 대표하는 불교명상의 지침서입니다. 대승불교의 간화선을 수행하신다고 해도 반드시 공부를 해야 하는 필독서입니다. 염처경에서는 인간을 몸(身)·느낌(受)·마음(心)·현상(法) 네 영역으로 분류하고, 그것들을 존재하는 그대로 관찰하여 일상의 삶에서 해탈을 얻게 하는 데 초점을 맞추고 있습니다.

그 동안 출가자들 중심으로 해설서가 나왔지만 재가자의 입장에서 수행한 경험을 바탕으로 기술한 것은 국내에서 처음이 아닌가 합니다. 그래서 더욱 반갑고 고맙고 기쁩니다.

출간을 거듭 축하드립니다. 모쪼록 이 책을 통해 불교명상을 이해하고, 일상의 삶 속에서 명상 수행하시는 분들이 읽고서 고통을 벗어나 행복을 느끼고 법을 실천하는 좋은 인연이 되었으면 합니다.

2009년 7월 20일
명상상담연구원 원장 인경 합장

"당신은 지금 병에 걸려 있습니다."

의사가 환자에게 이렇게 말한다면 사람들은 대부분 크게 놀라지 않을 것이다. 사람은 누구나 병에 걸릴 수 있고, 의사의 적절할 처방과 환자의 치유 노력에 의해 건강을 회복할 수 있다는 것을 알고 있기 때문이다.

그런데 대의왕(大醫王)이신 부처님의 말씀은 귀 기울여 듣지 않는다. 부처님께서는 모든 중생들에게 공통된 생사윤회의 괴로움이 있다는 것을 천명하셨고, 평생 동안 그 괴로움에서 벗어날 수 있는 해탈의 방법을 일러주셨다. 하지만 어리석은 우리 범부들은 즐거운 것에 안주하고, 마뜩찮은 것은 무시하고 잊어버리려 한다. 고통스러운 현실에서 벗어나는 길을 덧없는 쾌락 속에서 찾아왔고, 지금도 이를 추구하는 사람들이 대부분이다. 이렇듯 감각적 쾌락을 쫓는 것은 무상한 것이어서 허탈과 근심으로 뒤섞일 수밖에 없는 큰 해악으로 변해 자기 자신에게 되돌아온다는 것을 알지 못하는 사람들….

필자 역시 지금까지 살아오면서 질병, 사건, 사고, 가까운 친지들과의 사별 등 다양한 체험을 했다. 그동안 인간이면 누구나 겪기 마련인 근본적인 고통들, 불행한 삶의 조건과 원인들에서 벗어나 불안과 두려움에 떨지 않았던 때가 과연 얼마나 될까? 돌이켜 보면 극히 미미했다. 마음의 평화를 위협하는 일들이 얼마나 많이 눈앞에 펼쳐졌던가. 아무리 태연한 척 가장해도 이것은 어설픈 눈가림에 불과할 뿐이고 얼마 후에 또 다시 괴로움이 내습해 오지 않았던가.

필자가 변호사로 막 활동하기 시작하던 1992년경 우리나라 최초의 지역개발법인 제주도개발특별법 제정의 산파역을 맡은 적이 있다. 그 때 그리려 했던 제주의 유토피아 청사진조차도 구성원들 모두의 안전과 행복을 충족시킬 수 있는 공통분모를 담아내지 못했다. 사람들 각자의 다양한 입맛, 성향, 욕구가 서로 상충하고 있어서 어떤 형태로든 균질화가 이루어질 수 없는 숙명적·태생적 한계가 도사리고 있기 때문이다.

성주괴공(成住壞空)의 세상에서 인간 사회의 안전과 행복은 보장될 수 없다는 부처님의 가르침을 뒤늦게 접하면서 많은 생각을 하게 되었다. 황혼을 앞둔 필자에게 부처님의 교설은 깊은 울림으로 다가왔다. 특히 부처님께서 우리에게 일러주신 네 가지 성스러운 진리, 즉 사성제의 가르침에 마음을 송두리째 빼앗겼다. 사성제를 제대로 이해하기 위해서 부처님의 원음이 빠알리 어로 고스란히 보존, 전승된 초기경전(한글 번역본)을 홀로 공부하기 시작했다. 부처님의 가르침을 읽으면서 점차 이해가 되고 공부가 무르익어가자, 그 가르침의 함축된 의미를 새기고 소화하며 일상생활에 적용시켜 수행해야겠다는 생각이 들었다. 첫 번째로 시도한 것이 호흡관법, 즉 아나빠나[들숨날숨] 사띠[念] 수행이었다. 호흡관법을 하면서 여태까지 느낄 수 없었던 마음의 평화를 얻게 되었다. 아울러 가장 행복한 공부를 하고 있다는 보람과 긍지가 느껴졌다.

넘어진 자를 일으켜 세우시듯, 덮여 있는 것을 걷어내 보이시듯, 방향을 잃어버린 자에게 길을 가리켜 주시듯, 눈 있는 자 형상을 보라고 어둠 속에서 등불을 비춰 주시듯, 부처님께서 여러 가지 방편으로 설하신 법에 의지하여 머물 수 있는 힘이 생겨났다. 이제 부처님께서 말씀하신 바와 같이 필자 스스로 법을 보는 눈이 뜨인 것 같았다. 또한 하루에도 수십 번씩 마음을 흔들던 감각적 욕망(kāmacchanda), 악의(byāpāda), 혼침과 게으름(thina-middha), 들뜸과 회한(uddhacca-dukkucca), 회의적 의심(vicikicchā)으로부터 나 자신을 보호할 수 있을 것 같았다. 그야말로 형언할 수 없는 법열을 느낄 수 있었다.

우리는 바른 길을 두고도 정말 많이 헤맨다. 이리저리 에둘러서 이제라도 부처님의 가르침을 만난 것을 일생일대 가장 큰 행운이라 생각한다. 설령 금생에 성자의 반열에 들지 못한다고 하더라도 적어도 해탈열반의 확고한 디딤돌을 놓는 방법을 알 수 있게 되지 않았던가. 필자는 부처님께서 가르친 수많은 명상법에 눈뜨면서 뛸 듯이

기뻤다. 부처님의 말씀대로 행하면 최소한 탐욕·성냄·어리석음의 삼독심이 소멸된 해탈, 열반의 경지에 도달할 수 있을 거라는 확신이 생겼다.

필자는 목숨이 다할 때까지 최소한 불연(佛緣)이 세세생생 끊어지지 않도록 '예류도'라 부르는 첫 번째 성스러운 경지에 도달하겠다는 서원을 세웠다. 그리고 나름대로 열심히 수행하였다. 그러면서 매미가 성충이 되기 위해서 허물을 벗듯이, 범부의 허물을 벗고 성자의 경지로 들어가기 위해서는 명상수행이 필요충분조건임을 알았다. 또한 그때그때 점검해 줄 만한 스승이 없기에 초기경전에 의지해서 수행을 할 수 있으니 얼마나 다행인가 싶어 부처님께 감사드렸다.

솔직히 필자는 초기경전에 대해 아직 혜안이 열렸다고 할 수 없는데다 흔들림 없는 수행의 뒷받침 없이 명상수행에 관한 책을 출간하는 것에 대해 두려움이 앞섰다. 하지만 불광출판사 편집진의 부추김에 힘입어 이 책을 출간할 수 있었다. 초기불교 명상에 관심을 갖는 독자들에게 조금이라도 도움이 된다면 의미 있는 일이라는 생각이 들었다. 나와 같이 뒤늦게라도 명상수행의 길에 접어들고자 하는 사람들, 단 한 사람이라도 이 책을 통해 명상수행에 감흥을 일으켜 도 닦음의 길을 여는 나침반이 되길 기대하면서 용기를 내었다.

이 책을 만들면서 여러분의 도움을 받았다. 특히 빠알리 어로 보존된 4부 『니까야』의 한글번역 덕분에 부처님의 법음을 만날 수 있었고, 수행에 큰 힘이 되었다. 『디가니까야』, 『앙굿따라니까야』, 『청정도론』, 『아비담마 길라잡이』 등의 한글번역본을 출간하신 대림

스님, 각묵 스님께 마음 깊이 감사드리고, 또한 『맛지마니까야』, 『쌍
윳따니까야』 등의 역경사업을 주도하고 있는 전재성 교수님에게도
고마운 마음을 바친다. 끝으로 이 책의 완성도를 높여주는 데 각별
히 배려해 주신 인경 스님, 교정과 출판에 정성을 다해주신 불광출
판사의 모든 분들께 감사드리고 부처님의 가피가 항상 함께 하시길
기원한다.

불기 2553(2009)년 9월 11일
출리산방에서
小痴 김승석 합장

"비구들이여, 여기 비구는 몸에서 몸을 관찰하며[身隨觀] …
느낌에서 느낌을 관찰하며[受隨觀] …
마음에서 마음을 관찰하며[心隨觀] …
법에서 법을 관찰하며[法隨觀] 머문다.
세상에 대한 욕심과 싫어하는 마음을 버리면서 근면하게,
분명히 알아차리고 마음 챙기는 자가 되어 머문다."

– 대반열반경 중에서

목차

마음의 평화를
찾아서

마음의 평화를 찾아서

일상생활에서 사띠를 놓친다는 것은
'감각의 문을 지키는 문지기'가 없는 것과 같아서
감각적 쾌락에 쉽게 노출되어 마음이 오욕락〔樂〕에 물들 수 있기 때문에,
사띠 수행은 일상 속에서 지속되어야 한다.

번뇌를 돌이켜
보리심菩提心을 발하고…

우리 가족은 2003년 5월경 도심의 아파트를 떠나서 제주시 아라동의 산자수명(山紫水明)한 아란(阿蘭) 마을의 농장으로 거처를 옮겼다. 자연과 더불어 살면서 처음으로 농사를 짓고 감귤, 사과, 배, 감, 키위 등 여러 과일나무를 키웠다. 그러면서 새, 뱀, 지네, 거미 등 각종 벌레와 곤충들과 함께 어우러져 사는 지혜를 터득했다.

하지만 세연(世緣)이 아직 끝나지 않았던지 이런저런 인연에 밀려 나는 2006년 5월 전국지방선거에 무소속후보로 출마하게 되었고, 적은 표 차로 낙선했다. 결국 정치로 인해 직·간접적으로 연거푸 세 번이나 고배를 맛본 셈이 돼버렸다. 정치판의 잇단 좌절을 내 운명이라 받아들이고 이제 그만하면 감지덕지라고 생각하며 탁 털기로 다짐했다. 집착하면 집착할수록 끝이 없다고 생각하면서 그간 등한시했던 가족의 행복을 챙기고, 농장 가꾸기에 집중함으로써 제8아뢰야식에 저장된 허탈하고 쓰라린 과거의 기억과 경험들이 용수철처럼 뛰어나오지 않도록 마음을 안정시켰다.

귀농(歸農)은 했지만, 약 3개월의 선거기간 동안 농장을 돌보지 못한 탓에 농장은 잡초로 엉망이 된 상태였다. 감귤 밭과 복분자 밭이 모두 잡초에 침입당하고, 그와 같이 마음마저 탐욕·증오·어리석음 등으로 오염된 상태였다.

때마침 6월 중순에 접어들면서 잡초가 무성한 가운데 복분자 열매가 주렁주렁 열렸다. 복분자 열매도 탐스럽거니와 키도 훌쩍 커지고 가지도 옆으로 많이 벌어져 무성해진 것을 보면서 희열과 행복을 느꼈다. 이 또한 작은 깨달음이라고 해야 할까, 만일 내가 정치판에 끼어들지 않고 농장 일을 열심히 했다면 복분자 밭의 잡초를 모두 뽑았을 것이다. 그랬다면, 수분증발의 역효과로 인해 복분자의 생육에 오히려 나쁜 영향을 끼쳤을 것이다. 방치 또는 무관심이 거꾸로 복분자의 생육을 도왔다는 것을 스스로 깨우치게 되면서 법열이라고 표현할 수 있을 정도로 환희로웠다.

그러고 보니 복분자와 이름 모를 잡초, 야생초 등이 서로 어우러져 살고 있었다. 대자연이 일깨워주는 상생의 가르침…이 인간 세상도 못난 사람, 못된 사람, 좋은 사람, 잘난 사람 등이 서로 어우러져 사는 것이라면, 도토리 키 재듯 누가 누구를 탓하고 원망하고 비난할 수 있겠는가? 이 세상 모든 것, 모든 일이 다 그럴 만한 인연으로 일어난다는 것을 깨닫고 마음이 정말 편안해졌다.

빈손으로 태어나서 빈손으로 가는 인생이건만 즐겁고, 기쁘고, 좋고, 이익이 되는 것은 안으로 끌어들이고, 반면에 괴롭고, 슬프고, 나쁘고, 해로운 것은 밖으로 밀쳐내며 살아가는 것이 너와 나의 자화상이 아닌가라는 생각이 문득 떠올랐다. 그 때까지 애지중지했던 나의 국가관, 사회관, 인생관 등까지도 이 범주를 벗어나지 못한다고 보아 이런 관념, 생각, 견해 등을 하나씩 놓아버리게 됐다.

그런데 그해 여름철에 들어서면서 골칫거리가 하나 생겼다. 감귤저장창고에 들쥐 수십 마리가 들어와 살면서 쌓아둔 물건들을 물어뜯고 고약한 배설물까지 남겨놓는데 여간 성가신 것이 아니었다. 부득이 내자(內子)와 의논하여 기존 창고를 헐고 15평 남짓한 목재창고 겸 사무실을 신축했다. 남서쪽은 소나무 숲으로 둘러싸이고 북쪽으로 바다를 내려다볼 수 있는 전망 좋은 터에 자리 잡은 이 집이 나의 토굴인 출리산방(出離山房)이다.

그해 가을철에는 나를 명상의 바다로 안내해 준 보호자를 만나는 행운까지 겹치게 됐다. 세속의 삶에 보호자가 있듯이, 재가수행을 잘하기 위해서도 보호자가 있어야 한다. 초기불교를 많이 배우고[多聞], 배운 것을 잘 호지하고, 말로써 법[法, dhamma]을 잘 설하고, 법담을 나누기를 좋아하는 분을 만나게 된 것이다. 그분의 탁월한 리더십 덕분에 명상클럽 '여덟 겹의 길, 팔정도(八正道)'●01가 탄생했고, 한 달에 두 번 정기법회를 갖게 되었다. 또한 그분의 소개로 초기불전연구원에서 출판한 『디가니까야(장부)』, 『앙굿따라니까야(증지부)』, 『청정도론(Visuddhimagga)』, 『아비담마 길라잡이』, 『들숨날숨에 마음챙기는 경(出入息念經)』 등과 한국빠알리성전협회에서 출판한 『맛지마니까야(중부)』, 『쌍윳따니까야(상응부)』 등을 공부하면서 나는 부처님의 원음(原音)과 대화를 시작했다.

그 무렵 내 책상머리에는 늘 초기경전인 4부 니까야(Nikāya)와 이에 대한 주석서인 『청정도론』이 놓이게 됐다. 『청정도론』은 부처님께서 직접 설하신 네 가지 가르침(四阿含)[02]의 기본주제인 팔정도, 즉 계(戒)·정(定)·혜(慧) 삼학(三學)을 설명하는 책으로서 남방 상좌부불교의 부동의 준거가 되는 매우 중요한 불서(佛書)이다.

부처님께서는 고(苦)에서 벗어나는 길을 가르쳐 주셨다. 즉 고를 낳게 하는 원인과 고를 소멸시키는 실천수행의 체계로서 팔정도를 가르치신 것이다. '아난다' 존자는 부처님의 일대시교(一大示教)를 계·정·혜 삼학(三學)으로 파악하였다.[03] 하지만 이 팔정도 자체가 가르침의 목적은 아니고, 우리를 유가안온[瑜伽安穩, yogakkhema]의 경지, 즉 열반으로 데려다 줄 도구, 방편일 따름이다. 예컨대 어떤 사람이 제주에서 부산으로 여행한다고 가정해 보자. 헤엄쳐서 바다를 건너는 사람도 있을 것이고, 배를 타고 건너는 사람도 있을 것이고, 비행기를 타고 건너는 사람도 있을 것이다.

이와 같이 해탈, 열반을 실현하는 방법은 여러 가지 있을 수 있겠으나, 과거에 고불고조(古佛古祖)가 걸었던 팔정도를 무시하고 지나쳐 버린다면 뱀에 물린 것과 같다고 보아야 한다.●04) 그렇다면, 계[戒, sīla]를 어떻게 지녀야 하며, 삼매[定, samādhi]를 어떻게 닦아야 하며, 섬광보다도 예리하고 털끝을 쪼개는 것보다 더 날카롭다는 통찰지[慧, paññā]는 도대체 어디에서부터 닦고 계발해야 할 것인가? 이 물음에 대한 해법을 나는 『청정도론』에서 찾고 있다.●05)

나는 팔정도 수행을 일상 속에서 구체적으로 실천해 나가기 위해 안간힘을 쓰기 시작했다. 그것은 나의 눈[眼]·귀[耳]·코[鼻]·혀[舌]·몸[身]·마음[意]의 여섯 감관(感官)과 대상과의 접촉을 통해 일어난 느낌·생각·인식·갈망 등을 바르게 알아차리고 그것들을 관찰하고 이해하려고 노력하는 일이었다. 이런 마음부수[心所]에 집착하거나, 거부하거나, 무시하거나, 저항하지 말고, 그것을 자신과 동일시하지도 않는 마음상태를 마치 영화관에서 영화를 보듯 알아차리고, 마음의 영상에 나타나는 감각 대상의 하나하나가 얼마나 빨리 지나가는지, 얼마나 무상한가를 놓치지 말고 지속적으로 보는 훈련을 쌓아 갔다.

계·정·혜 삼학(三學)을 공부한 나에게 결과적으로 나타난 것은 고요함과 평화로움이었다. 밖의 형상과 소리 따위에 마음이 산만하지 않고, 생각이나 관념, 또는 견해에 대해서 사량(思量)과 분별심(分別心)을 일으키지 않는 평온 속에 있음을 저절로 깨닫게 되었다.

부처님께서 보여주신 평화란 번뇌가 없는 것(nikkilesa)을 말한다. 탐(貪)·진(瞋)·치(痴)라는 번뇌들은 갈애와 무명의 뿌리에 자리 잡고 있다. 이 번뇌를 극복하고 정복하여 그 영향에서 벗어나야만 무위진인(無位眞人), 대자유인이 될 수 있다.

부처님의 평화에 대한 교설은 『평화에 대한 분석의 경(MN 139)』에 잘 드러나 있는데, 고(苦)와 낙(樂)의 양극단을 벗어나 팔정도를 추구하는 중도(中道)를 실천하는 것이 곧 평화의 길임을 이렇게 설파하고 있다.

○ ● ○

"비구들이여, 저속하고 비속하고 거칠고 천박하고 무익한 감각적 쾌락에 대한 욕망을 추구하지 말라. 또한 고통스럽고 천박하고 무익한 스스로를 괴롭히는 고행을 추구하지 말라. 이러한 양 극단을 떠나서 여래는 중도를 바르고 원만하게 깨달았다. 그것은 눈을 생기게 하고 앎을 생기게 하고 고요함, 탁월한 앎, 바른 깨달음, 열반으로 이끈다. 칭찬해야 할 것을 알아야 하고, 비난해야 할 것을 알아야 하고, 칭찬해야 할 것을 알고 비난해야 할 것을 알고 나서, 칭찬하지도 말고 비난하지도 말고 오로지 가르침을 설해야 한다. 즐거움에 대한 정의를 알아야 하고, 즐거움에 대한 정의를 알고 나서, 자신의 즐거움을 추구해야 한다. 비밀스런 말을 하지 말아야 하고 공개적이더라도 날카로운 말을 하지 말아야 한다. 차분하게 말해야지 조급하게 말해서는 안 된다. 지방어를 고집하지 말아야 하고 보편어를 침해해서는 안 된다. 이것이 평화에 대한 분석의 대강이다."

그렇다면, 어떻게 일체의 번뇌를 끊어 소멸시킬 수 있을 것인가? 이 물음에 대한 해법을 나는 『모든 번뇌의 경(MN 2)』에서 구하고 있다. 이 경(經)의 요지는 이렇다.

∘ • ∘

"이치에 맞지 않게 정신을 쓰면 아직 생겨나지 않는 번뇌가 생겨나고 생겨난 번뇌는 더욱 증가한다. 그러나 이치에 맞게 정신을 쓰면 아직 생겨나지 않는 번뇌는 생겨나지 않고 이미 생겨난 번뇌는 끊어진다."

여기서, 이치에 맞게 정신활동을 한다(yoniso manasikāra)는 것을 한역(漢譯)하면 여리작의(如理作意)로 표현하는데, 이에 대해 전재성 교수●06는 '연기(緣起)의 원리에 맞게'라는 뜻으로 해석한다. 『번뇌의 소멸에 대한 경(SN 45:45)』에서 여덟 가지 성스러운 길, 즉 팔정도를 닦는 것이 번뇌를 소멸하는 길임을 시사하고 있다.

부처님께서는 수행을 통해 없애야 할 번뇌를 여섯 가지로 분류해서 설명하고 있다.

❶ 첫 번째 '단속하여 없애야 하는 번뇌'란 여섯 감관을 단속함

으로써 없애야 하는 번뇌를 말한다. ❷두 번째 '수용하여 없애야 할 번뇌'란 옷과 탁발음식과 거처와 약품을 수용함으로써 없애야 하는 번뇌를 말하는데 배고픔과 추위 등에서 생긴 번뇌를 없애는 것이다. ❸세 번째 '감내하여 없애야 하는 번뇌'란 인욕하고 견뎌냄으로써 없애야 하는 번뇌를 말하는데, 몸과 마음에서 생긴 여러 가지 괴로운 느낌 등에 기인한 번뇌를 없애는 것이다. ❹네 번째 '피하여 없애야 하는 번뇌'란 맹수 등을 피함으로써 없애야 하는 번뇌를 말한다. ❺다섯 번째 '버려서 없애야 하는 번뇌'란 감각적 욕망이나 악의나 해코지와 같은 생각을 버림으로써 없애야 하는 번뇌를 말한다. ❻여섯 번째 '수행하여 없애야 하는 번뇌'란 칠각지로 대표되는 수행을 통해서 없애야 하는 번뇌를 말한다.•07)

여섯 가지 번뇌 중에서, 나 자신에게서 일어나는 번뇌는 주로 ❶,❸,❺,❻의 번뇌들인데, 먼저 이런 번뇌를 제압하는 수행에 착수했다. 명상수행은 번뇌나 장애 또는 속박, 얽매임, 족쇄로 표현되는 해로운 심리현상[不善法]을 제거하기 위한 것이다. 수행을 통해서 단박에 온갖 번뇌나 족쇄가 다 끊어지면 좋겠지만, 출가자도 아닌 재가수행자인 필자로서는 점진적으로 하나씩 번뇌를 제압하는 명상훈련을 쌓는 단계적 수행법을 택할 수밖에 없었다. 그 하나는 감각적 욕망에서 오는 위험을 반조하여 감각적 욕망으로부터의 출구와 모든 괴로움을 극복하는 방편인 출리(出離, niyyāna)에 대한 열망을 갖고 불(佛)·법(法)·승(僧) 삼보(三寶)를 계속 생각하는 것이다. 그 둘은 지금까지 길들여진 인습(因習)에 먹이를 주지 않기 위해 오계(五戒)를 범하지 않으면서 나라는 존재를 구성하고 있는 몸과 마음에 대해 '끊임없는 주의[不放逸]'를 하는 것이다. 일상생활 속에서 매 순간마다 일어나는 느낌, 생각, 몸과 입, 그리고 마음으로 짓는 의도[業]에 대하여 충분히 알아차리고, 그리고 챙기는 수행, 즉 사띠[sati, 正念] 수행에 올인(all-in)하기에 이르렀다.

법에 의지하여
머물리라

부처님은 신(神)도 아니고, 신의 예언자나 그 화신(化身)도 아니다. 그 존귀한 분은 자기 자신의 노력을 통해서 궁극적인 자유와 일체 지(智)를 얻어서 천신(天神)과 인간들 가운데에서 견줄 이 없는 스승[無上師]이 된 완전한 인간이다.

담마[法]는 그 전체를 부처님께서 발견하고, 깨닫고, 선포한 해탈의 가르침이다. 이 법은 고대 인도어의 하나인 빠알리 어(語)로 기록되어 전승되고 있다. 담마는 계시(啓示)의 교설이 아니라, 실재(實在)에 대한 분명한 앎을 바탕으로 한 깨달음의 가르침, 네 가지 성스러운 진리[四聖諦]에 대한 가르침이다.

필자는 대학에서 법률 공부를 하였다. 사법시험에 합격하여 20

여 년 간 변호사 생활을 하면서 가족을 수호할 만큼의 재산과 명성을 얻었다. 또한 오나가나 사람들로부터 환대(歡待)를 받는, 시쳇말로 출세한 사람 축에 든다. 그러나 이런 세속적인 지식이 내 욕망의 그물을 짜는 도구라는 사실을 뒤늦게 깨닫게 되었다. 법률적 지식이 사람간의 시비를 가리고 형평의 저울이 된다는 점에서 사회적 유용성이 있다고 할 수 있다. 하지만 한편으로는 재판에 이기기 위해 끝없는 집착과 걱정의 굴레에 얽매여 법률적 지식을 악용(惡用)한 적도 없지 않다.

재판에 이기기 위해, 또는 패소의 불이익을 최소화하기 위해, 때로는 정치적 이해득실을 따지면서 나의 마음은 그 대상에 관하여 생각을 일으키고 숙고하며 분별하고 예측불허의 결과에 대해 근심해 왔다. 요컨대 고뇌, 불안과 두려움에 직면한 자신을 성찰하지 못한 채 욕망, 갈애만을 추구해 왔을 뿐이다.

그런 삶 가운데 다행히 불연(佛緣)이 있어서 진흙 속에 핀 백련[泥中白蓮]이 되겠다고 불교서적을 읽거나 선지식을 찾아 법문을 들으러 다녔다. 그런데 그런 식의 공부가 도움보다는 오히려 장애가 되기에 이르렀다. 나는 자신의 내면을 한 번도 들여다 본 적이 없었기 때문이다. 그 원인을 돌이켜 생각해 보면, 팔정도를 걷는 현명한 사람들과의 사귐을 충분히 갖지 못해서 정법(正法)을 듣지 못했고, 그래서 여섯 감관에 욕심과 미움과 어리석음이 들어오는 것을 알아차리고 올바르게 이해하는 법을 몰랐기 때문이다.

세존(부처님)께서 정등각을 이루신 뒤 우루벨라 마을의 네란
자라 강가에 있는 아자빨라 보리수 아래에 앉아서 이와 같이
성찰하셨다. "아무도 존중할 사람이 없고 의지할 사람이 없
이 머문다는 것은 괴로움이다. 나는 어떤 사문이나 바라문을
존경하고 존중하고 의지하여 머물러야 하는가? … 참으로 나
는 내가 바르게 깨달은 바로 이 법(dhamma)을 존중하고 의지
하여 머물리라."•⁽⁰⁸⁾

이것은 우리에게 잘 알려진 가르침이며 불교를 대표하는 말씀이시
다. 부처님께서는 자신의 의지처가 되어줄 세상의 모든 것을 두루
고찰해 보았지만 자신에게 귀의처가 되어줄 그 어떤 존재도 발견하
지 못하셨다. 이렇게 고찰하신 뒤 마침내 부처님께서는 그 존귀하
신 분 스스로 깨달으신 법을 의지처로 삼겠다고 결심하시고 45년간
이 법의 전법에 헌신하셨고, 마지막으로 쿠시나가라(카시야)의 사라
쌍수 아래서 반열반에 드시면서도 "법과 율이 그대들의 스승이 될
것이다."라는 유훈을 남기셨다.

『대반열반경(DN 16)』에서 세존께서 이르시길, "아난다여, 그
대들은 자신을 등불로 삼고[自燈明], 자신을 귀의처로 삼아[自歸

依] 머물고, 남을 귀의처로 삼아 머물지 말라. 법을 등불로 삼고[法燈明], 법을 귀의처로 삼아[法歸依] 머물고, 다른 것을 귀의처로 삼아 머물지 말라." "비구들이여, 여기 비구는 몸에서 몸을 관찰하며[身隨觀] … 느낌에서 느낌을 관찰하며[受隨觀] … 마음에서 마음을 관찰하며[心隨觀] … 법에서 법을 관찰하며[法隨觀] 머문다. 세상에 대한 욕심과 싫어하는 마음을 버리면서 근면하게, 분명히 알아차리고 마음 챙기는 자가 되어 머문다."라고 설하셨다.

여기서 법[담마]이란 계·정·혜 삼학을 뜻한다. 자신에게 의지하는 방법으로 부처님께서 설하신 사념처(四念處)의 확립은 자신을 몸(身)·느낌(受)·마음(心)·법(法, 심리현상)의 네 가지로 해체해서 불변하는 실체(자아)가 없음을 관찰하라는 뜻으로 이해해야 한다. •⁽⁰⁹⁾

초기경전의 주석서에는 계·정·혜 삼학의 공부를 졸업하면 무학(無學)의 경지인 아라한과를 얻는다고 설하고 있고, 부처님께서는 '자등명·자귀의·법등명·법귀의'를 하는 방법으로 네 가지 사띠의 확립[四念處]을 수행하라고 말씀하셨다. 이 수행이야말로 진정한 비구들의 고향동네라고 밝히시고 세상의 기원을 살펴보는 우리의 근본마음가짐이어야 한다는 게 세존의 가르침이다. •¹⁰⁾

필자도 이제 환갑을 앞두고 삶의 무상함을 보며 늙음과 죽음의 현실을 받아들이고, '법에 의지하라'는 부처님의 유훈을 깊이 새겨

법을 바로 이해하고 이것을 지금 바로 여기에서, 내 삶에 적용시켜
명상수행의 디딤돌로 삼고 있다.

계·정·혜 삼학을
솥발처럼 세우고

불법의 핵심은 연기(緣起), 무아(無我)라 할 수 있고, 이것을 진리체계로 구성한 것이 사성제[四聖諦]이며, 팔정도(the Noble Eightfold Path)는 이것을 수행체계로 구성한 것이다. 계·정·혜 삼학이란 팔정도를 간추린 것으로 정(定)은 삼매[止], 혜(慧)는 통찰지[觀]로 바꿔 부르기도 하나, 모두 같은 말이다.

계(戒)는 몸과 입으로 행하는 건전하지 못한 행동을 삼가는 도덕적 실천이고, 정(定)은 주의력을 모아 마음의 흐름을 하나의 대상에 의식적으로 조정하고 결정하는 능력을 향상시키는 수행이며, 혜(慧)는 일체 법의 보편적 성질(無常·苦·無我)을 꿰뚫어 보는 통찰 수행이라 할 수 있다. 계(戒)는 감각적 쾌락에 몰두하는 것을 피하는 것을, 삼매(三昧)는 자기 학대[괴롭힘]에 몰두하는 것을 피하는 것을, 통찰지[慧]는 중도의 실천을 각각 드러내므로 결국 고락(苦樂)의 양극단을 버리고 중도를 실천하는 역할을 수행한다.

옛 선사께서 "계(戒)의 그릇이 견고해야 정(定)의 물이 맑게 고이고 정(定)의 물이 청정해야 지혜의 달이 둥글게 비친다."라고 설하셨다. 이 금구명언은 "계·정·혜 삼학은 솥발[鼎足] 같아서 발 하나만 짧아도 솥이 바로 설 수 없다."는 말과 같은 뜻이다.

○ ● ○

"바라문이여, 계를 통해서 청정하게 되는 것이 통찰지이고, 통찰지에 의해서 청정하게 되는 것이 계이다. 계가 있는 곳에 통찰지가 있고, 통찰지가 있는 곳에 계가 있다." [11]

"마치 사람이 땅 위에 굳게 서서 날카롭게 날을 세운 칼을 잡고 큰 대나무 덤불을 자르는 것처럼, 계의 땅 위에 굳게 서서, 삼매의 돌 위에서 날카롭게 날을 세운 위빠사나 통찰지의 칼을, 정진의 힘으로 노력한 깨어있는 통찰지의 손으로 잡은 뒤, 자기의 상속에서 자란 갈애의 그물을 모두 풀고 자르고 부수어버릴 것이다. 그는 도와 과의 순간에 엉킴을 푼 자가 되어 신을 포함한 세상에서 최상의 공양을 받을 만한 자가 된다." [12]

계(戒)를 청정하게 하는 것은 감각기능을 단속하는 것을 뜻하고, 삼매(三昧)란 유익한 마음이 하나의 대상에 집중된 상태를 뜻한다. 통찰지[慧]는 제법(諸法)을 해체해서 그들의 찰나생(刹那生)·찰나멸(刹那滅)을 내관하여 존재의 실상을 꿰뚫어 본다는 뜻이다. 계행을 닦는 것은 수행의 핵심이다. 이것은 수행의 계발(啓發)에 없어서는 안 될 첫 번째 단계이다. 우리는 모든 행동(身)·말(口)·뜻(意)을 절제해야만 한다. 문명사회는 그 자체의 혼란을 피하기 위해서 이런 도덕적·윤리적 규범을 요구한다. 그러나 이보다 앞서 자기에게 해롭기 때문에 행동의 절제가 요구된다. 마음속에서 초조함, 탐욕, 그리고 성냄이 일어나지 않고서 악하고 불건전한 행동 등을 한다는 것은 불가능하다.

【 5계 五戒 】

01. 나는 살아있는 생명을 해치지 않는다.

02. 나는 주어지지 않는 것을 취하지 않는다.

03. 나는 잘못된 성행위를 하지 않는다.

04. 나는 잘못된 말을 하지 않는다.

05. 나는 정신을 혼미하게 하는 곡주나 과일주를 먹지 않는다.

오계(五戒)는 인간의 품위를 유지하기 위한 기본적이며 필수적인 조건으로 항상 자율적으로 지켜야 하는 규범이다.

"마치 지붕을 잘못 이은 집에 빗물이 새듯
닦지 않는 마음에 탐욕이 침범한다."

∘ • ∘

『쌍윳따니까야(V권)』 '진리의 모음'(56)에서, 세존께서 설하시길, 손톱 끝에 집어든 흙먼지와 큰 대지와의 비유를 통해 오계를 지키지 못하는 뭇 삶들은 매우 많고, 오계를 지키는 뭇삶들은 매우 적다. 그것은 무슨 까닭인가? 네 가지 성스러운 진리를 보지 못하기 때문이다. 그러므로 수행자여, 네 가지 성스러운 진리를 명상해야 한다.

오계를 잘 지키려면 인식의 통로인 여섯 가지 감각의 대문[六門, 六根]을 잘 수호해야 하는데, 이를 지키는 문지기가 정념(正念, sati)과 정지(正知, sampajannña)이다.

∘ • ∘

"형상과 소리와 맛과 냄새와 감촉에 대해 감각기능(根)을 보호하라. 이 문들이 열려 있고 보호되지 않을 때 도둑들이 마을을 침범하듯 침입한다."
"마치 지붕을 잘못 이은 집에 빗물이 새듯 닦지 않는 마음에 탐욕이 침범한다."

우리는 재가불자로서 보통사람과 같이 직장 또는 여러 사회모임에서 종종 술자리에 참석하는 경우가 더러 있다. 음주는 방일의 근본

037

으로 수행에 해롭기 때문에 마시지 않는 것이 좋다는 것을 알면서
도 술자리의 분위기 때문에 술잔 받기를 거절할 수 없는 경우가 있
다. 필자도 비슷한 경험을 갖고 있다. 그런데 명상수행을 시작하고
나서는 취기(醉氣)가 올라오기 전에 절제하도록 노력하고 있다. 왜냐
하면 범계(犯戒)는 수행의 결실을 방해하기 때문이다.

진묵(震默) 대사는 조선 중기의 고승으로 부처님의 화신이라 칭
송받던 큰스님이다. 하지만 시주하는 사람이 공양하면 주는 대로 고
맙게 술을 드셨다고 전해진다. 대사께서는 술은 쌀과 누룩으로 만들
었으니 곡차(穀茶)이며, 세속인들은 취하기 위해 마시지만 자기는 피
로가 풀리고 기분이 상쾌해지기 때문에 마시는 것이라고 말했다고
한다. 필자는 이 이야기를 들으면서 술을 포함한 일체의 음식을 어
떤 마음가짐으로 먹어야 하는지를 가르쳐 주신 것으로 이해하였다.

원효 성사께서 깨닫는 과정을 문득 생각해 봤다. 원효 성사께
서 34세가 되던 해에 의상 대사와 함께 당나라 유학을 떠났다. 국경
의 어느 토굴에서 한밤중에 목이 말라서 바가지의 물을 맛있게 마
셨다. 그러나 아침에 일어나 보니 그 바가지가 해골이라는 사실을
알게 되자마자 심한 구토증을 느꼈다. 이 순간 원효 성사는 깨달음
을 얻었다. 과연 무엇을 깨달았을까. 어제 밤에 마셨던 물이 해골
바가지의 물이라는 사실을 인식하고 갑자기 뱃속이 메스껍고 구토
증을 느꼈다. 하지만 어제 밤에는 분명하게 갈증을 달래주는 시원
하고 달콤한 물이 아니었던가. 물은 같은데, 무엇이 다른가. 문제

는 마음에 있었다. 달콤함과 구토증의 원인은 밖의 물에 있는 것이 아니라 내적인 마음의 느낌인 것이다. 원효 성사는 발길을 돌렸다. 굳이 당나라로 유학을 가지 않아도 되었기 때문이다.

팔정도를 계·정·혜 삼학으로 간추리면, 계(戒)의 무더기[戒蘊]·정(定)의 무더기[定蘊]·혜(慧)의 무더기[慧蘊]로 압축할 수 있다. 『교리문답의 작은 경(MN44)』에서 누가 어찌하여 이렇게 세 가지로 분류하였는지를 확인할 수 있다.

∘ • ∘

이와 같이 나는 들었다. 한 때 세존께서는 라자가하(왕사성)시의 벨루바나에 있는 깔란다까니바빠(죽림)에 계셨다. 마침 재가신도인 '비싸카'가 '딤마딘나' 비구니스님이 있는 곳을 찾았다.

〔비싸카〕 "존귀한 비구니스님이시여, 여덟 가지 성스러운 길이 세 가지 다발(蘊)에 포함됩니까? 또는 세 가지 다발이 여덟 가지 성스러운 길에 포함됩니까?"

〔딤마딘나〕 "벗이여 비싸카여, 그것은 여덟 가지 성스러운 길이 세 가지 다발에 포함되지, 세 가지 다발이 여덟 가지 성스러운 길에 포함되는 것이 아닙니다. 벗이여 비싸카여, 바른 말(正語), 바른 행위(正業), 바른 생계(正命)는 계행(戒行)의 무더

기에 포함되고, 바른 노력(正精進), 바른 사띠(正念), 바른 삼매 (正定)는 삼매의 무더기에 포함되고, 바른 이해(正見), 바른 사 유(正思惟)는 지혜의 무더기에 포함됩니다."

〔비싸카〕 "존귀한 비구니스님이시여, 어떠한 것이 삼매이고, 어떠한 것이 삼매의 바탕이고, 어떠한 것이 삼매의 도구이고, 어떠한 것이 삼매의 수행입니까?"

〔딤마딘나〕 "벗이여 비싸카여, 마음의 전일(專一)함이 삼매이 고, 네 가지 사띠의 토대(四念處)가 삼매의 바탕이고, 네 가지 올바른 노력[四正勤]이 삼매의 도구이고, 이 가르침들을 공부 하고 수행하고 복습하면, 그것이 삼매의 수행입니다."
'비싸카'는 '딤마딘나'가 말한 것에 환희하고 기뻐하며 자리 에서 일어나 세존께서 계신 곳을 찾아서 세존께 인사드리고 '딤마딘나'와 함께 문답한 것을 세존께 말씀드렸다.
그것을 듣고 세존께서는 '비싸카'에게 이렇게 말씀하셨다.

〔세존〕 "비싸카여, 비구니 딤마딘나는 현명한 사람입니다. 그 는 크게 지혜로운 사람입니다. 비싸카여, 그대가 나에게 그 의미를 묻는다면, 나도 역시 비싸카가 설한 것과 같이 그대에 게 설명할 것입니다. 그 의미는 그와 같으니, 그와 같이 받아 지니십시오."

주석서에 의하면, ‘딤마딘나’는 부처님 재세 시에 일곱 명의 재가 신자의 지도자 가운데 한 사람이었다. ‘딤마딘나’는 출가 전에 ‘비싸카’의 아내로서 출가 전에도 세존으로부터 예류도를 성취한 자로 인가를 받았지만, 그녀는 출가하자마자 아라한의 경지를 성취하였다. 세존께서는 그녀를 두고 ‘가르침을 해설하는 데 최상의 비구니’라고 증명했다. ‘비싸카’는 원래 마가다국의 지방호족의 아들이었는데 ‘딤마딘나’의 가르침을 듣고 출가하여 수행한 뒤에 아라한이 되었다고 한다.

○ ● ○

『청정도론(Visuddhimagga)』에 의하면, 도(道)는 닦아야 하는 것으로 사마타[止]와 위빠사나[觀]로 두 가지로 분류할 수도 있으나, 계(戒)·정(定)·혜(慧) 세 가지로 분류하기도 한다.

여기 삼매의 무더기(定蘊)에 해당되는 세 가지의 역할에 대하여 다음과 같은 비유를 들어 우리의 이해를 돕고 있다. ‘축제를 벌이자’ 하면서 세 친구가 정원에 들어갔을 때 첫 번째 친구가 꽃이 활짝 핀 짬빠까 나무를 보고 손을 뻗쳐서 꺾으려 해도 꺾을 수 없었다. 그 때 두 번째 친구가 등을 구부려 주자 첫 번째 친구가 그의 등에 올라섰지만 불안정하여 꽃을 꺾을 수 없었다. 그 때 세 번째 친구가 어깨를 대주자 첫 번째 친구는 두 번째 친구의 등에 올라서서 세 번째 친구의 어깨를 잡고 마음껏 꽃을 꺾어 치장하고 축제를 벌였다. 여기서 세 친구는 바른 정진, 정념, 정정(正定) 등으로 구성되는 바른 삼매의 무더기와 같다. 명상의 대상은 활짝 핀 짬빠까 나무와 같다. 자기의 성질만으로는 대상에 하나 된 상태로 집중할 수 없는 삼매는 손을 뻗쳐도 꺾을 수 없는 첫 번째 친구와 같다. 정정진은 자기 등에 올라서도록 등을 구부려준 두 번째 친구와 같다. 정념, 즉 사띠는 어깨를 주면서 옆에 서 있는 세 번째 친구와 같다. 바꿔 말하면 정진이 노력하는 역할을 하고 사띠는 대상에 깊이 들어가는 역할을 할 때 그 도움을 받아 삼매는 대상에 하나 된 상태로 집중할 수 있다.

필자의 수행경험에 의하면, 바른 정진(正精進)·정념(正念)·바른 삼매(正定)는 세 사람이 솥발 모양으로 마주하고 앉아있는 모습과 같아서[鼎坐] 마음이 침체되거나 들떠 있을 때에는 삼매 체험을 할 수 없었다. 바꿔 말하면 삼매의 무더기인 세 가지가 균형을 이루어야 선정 상태가 길어지고 낮은 단계에서 높은 단계의 선정으로 나아갈 수 있었다.

명상의
여러 가지
모습들

명상(meditation)의 사전적 의미는 눈을 감고 고요히 생각한다는 뜻이다. 명상은 인류의 역사와 함께 전개되었다 해도 과언이 아닌데, 발원지인 인도의 힌두교와 서양의 기독교 등의 종교와 관련을 맺으면서 다의적으로 정의돼 왔다.

기독교의 기도명상이란 일종의 사념(思念)적인 명상법, 즉 사유 활동을 계속하면서 그 사유가 이끌어내는 바를 깊이 성찰한다는 뜻이다. 힌두교에서 행하는 '게송'이나 '진언'의 암송은 마음을 고요히 가라앉혀 영감을 잘 받아들일 수 있게 하는 명상기법이라고 말해진다. 이런 부류의 명상은 명상수행자로 하여금 특별한 심령현상을 경험하도록 이끄는데, 기독교도는 그 자신이 잘 알고 있던 성자들을 보거나 성자와 대화를 하기도 하고, 힌두교도는 힌두교 신들의 화현을 목도한다고 말해진다.

금세기에 이르러 미국이나 유럽에서 명상이 주목받고 있는 이유는 현대인들이 수많은 직무 스트레스에 시달리고 있기 때문이라는 게 통설이다. 그들이 종교를 초월하여 그 해소책으로 명상을 선택한 동기 또는 배경에는 마음의 내적 평화가 단순한 신앙이나 기도만으로 성취되지 않았음을 반증하는 것이 아닌가.

힌두교의 전통적인 수련법인 요가나 기체조의 스트레칭과 이완을 통해서 단식과 호흡을 조절하여 몸과 마음의 평온을 얻을 수도 있을 것이다. 또한 재가불자들이 염불이나 주력수행법에 의해 신심을 강화하거나 정신집중에 이를 수도 있다.

그런데 불교적 명상인 '브하와나(bhāvanā)'는 생각을 좇지 않고 정신집중[止]에 의해 직관적 통찰[觀]을 얻음으로써 궁극적으로 사유의 차원을 넘어서 세상을 실상 그대로 마음의 눈으로 보고자 함에 있다. 한마디로 불교명상은 앞서 이야기한 명상들과 근본적으로 다르다.

부처님께서는 '브하와나'의 개념을 특별한 정신적 훈련, 집중하는 기술과 마음의 정화를 가르치는 데 사용했다고 전해진다. 즉 '브하와나'는 정신집중과 지혜의 두 훈련을 포함하는 개념이다. 정신집중의 수행은 마음의 평정[定, samatha-bhāvanā]을 향상시키고, 지혜의 수행은 통찰[慧, vipassāna-bhāvanā]의 향상을 가져온다. '사마타(samatha)'는 마음을 하나의 대상에 고정시키고 고요하게 하는 삼매를 개발하는 수행이고, '위빠사나(vipassana)'는 조건 지어진 모든 법[有爲諸法]을 관찰하여 '무상·고·무아'를 통찰하는 수행이라고 세존께서 분명하게 밝히고 계시다.

21세기에 접어들면서 초기불교경전에 바탕을 둔, 미얀마와 스리랑카의 위빠사나 수행법이 미국과 유럽으로 널리 전파되었다. 특히 미국 매사추세츠 의대 Kabat-Zinn 교수에 의해 개발된 MBSR(mindfulness based stress reduction) 프로그램이 현대인의 스트레스와 고통 치료에 적용되고 있는데, 이 프로그램은 사띠 수행에 그 바탕을 두고 있다.

최근 국내에서도 여러 가지 명상법이 도입되고 있는데, 특히 '인경' 스님은 초기불교와 대승불교의 명상법을 통합한 '염지관(念止觀) 명상' 프로그램을 개발하여 심리치료 상담에 활용하고 있다. '인경' 스님의 표현을 빌면, 염지관은 느낌이나 감정에 초점을 맞추어서 그것을 알아차리고[念], 머물러서[止], 지켜보는[觀] 명상법이라는 뜻이다. MBSR프로그램이나 염지관 명상은 모두 고통의 소멸에 그 목적을 두고 있다는 점에서 부처님께서 가르치신 명상의 범주에서 벗어나지 않는다고 본다. 마치 시냇물이 모여 강물이 되고, 여러 강물이 모두 큰 바다로 흘러가듯이 만법은 불법으로 귀일(歸一)하기 때문이다.

부처님께서 가르치신 명상의 종착역은 열반(nibbāna)이다. 열반은 정신과 물질의 소멸이다. 열반에 도달하기 위해서 우리는 탐욕·성냄·어리석음이 없는 건전한 정신 현상과 탐욕·성냄·어리석음에 뿌리를 둔 불건전한 정신 현상 둘 다를 완전히 제거해야 한다. 그것은 새로운 생(生)·노(老)·병(病)·사(死)를 야기하기 때문이다. 일체 중생은 생·노·병·사, 즉 윤회의 괴로움에 시달리고 있다. 그래서 여러 가지 괴로움으로부터 우리 자신을 자유롭게 하기 위해서 명상 하는 방법을 배워야 할 필요가 있는 것이다.

부처님께서 고구정녕하게 말씀하신 명상법은 계행(戒行)을 청정 하게 한 후, 선정[삼매]에 들어가서 제법(諸法)의 '무상·고·무아'를 통 찰하라는 것이다.

∘ • ∘

"비구들이여, 감각기능을 단속할 때 감각기능을 단속하는 자 에게 계행의 조건이 구족된다. 계행을 가지고 계행을 갖춘 자 에게 바른 삼매가 생긴다. 바른 삼매가 생길 때 바른 삼매가 생긴 자에게 여실지견의 조건이 구족된다. 여실지견이 생길 때 여실지견이 생긴 자에게 염오와 탐욕의 빛바램의 조건이 구족된다. 염오와 탐욕의 빛바램이 생길 때 염오와 탐욕의 빛 바램이 생긴 자에게 해탈지견의 조건이 구족된다."

여기서 여실지견(如實知見)이란 (자신을 해체해서) 정신과 물질로 구분, 한 정하는 지혜로부터 시작하는 '얕은 위빠사나'이고, 염오(厭惡)는 '강 한 위빠사나'이고, 탐욕의 빛바램은 도(道)이며, 해탈지견은 과(果)의

해탈과 반조의 지혜를 뜻한다.•13)

불교명상의 목적과 방법에 관한 부동의 준거는 「대념처경(DN22)」이다. 이 경(經)에서는 수행자가 몸과 마음, 또는 물질과 정신의 본성을 알기 위해서 몸과 마음이 끊임없이 변화하는 상태를 사띠(sati, 正念)하고, 삼빠잔냐(sampajañña, 正知)하는 능력을 계발해야 한다고 부처님께서 가르치고 계시다.

수행이 향상될수록 수행자는 더 이상 자신의 몸과 마음속에서 일어나고 있는 현상에 대해 '자아(自我)'라고 그릇되게 여기지 않게 된다. 즉 있는 그대로 여실히 그것을 바라보게 된다. 우리가 여섯 개의 인식통로[六門, 六根], 즉 안(眼)·이(耳)·비(鼻)·설(舌)·신(身)·의(意)를 통해 얻는 일체의 감각적 경험[느낌], 인식[想] 등이 물질과 정신, 정신과 물질의 상호 연기적 작용에 의하여 생멸하는 흐름의 상태로 보게 되고, 이를 자기의 육체적·정신적 활동과 동일시하지 않게 된다. 즉 몸의 움직임을 사대(四大 : 지수화풍)의 결합이 물리적 인과법에 따라 움직이는 것이라는 봄과 앎이 생겨나고, 또한 마음의 움직임[느낌·인식·의도 등]도 외부 대상에 반응하여 생멸하는 의식의 끊임없는 흐름의 상태라는 봄과 앎이 생겨난다.

그 결과, 수행자는 자아라는 관념[有身見; sakkādiṭṭhi]의 미망을 깨뜨릴 수 있게 되고, 더 나아가 대상[六境]에 대한 갈애와 집착까지 끊을 수 있게 된다. 궁극에 이르러서는 갈애하는 '자아'도 없고 갈애되는 대상도 없게끔 되는 공(空)해탈, 무원(無願)해탈의 관문에 도달하게 된다.

명상의
다양한
열매들

『청정도론』에 의하면, 도(道) 닦음은 사마타[止]와 위빠사나[觀] 두 가지로 분류할 수도 있으나, 계(戒)·정(定)·혜(慧) 세 가지로 분류하기도 한다. 계·정·혜 삼학의 공부는 출가하여 아라한과를 증득해야만 마칠 수 있다. 그러나 비승비속(非僧非俗)이면서 무위진인의 과(果)를 얻은 존귀한 분도 있다. 유마경의 주인공 '유마힐' 거사다.

「재가자의 경(AN 5:179)」에는 재가불자로서 계·정·혜 삼학의 공부를 하여 성자(聖者, Ariya)의 반열에 오른 평범한 속인들이 나온다.

◦ • ◦

그 때 '급고독' 장자는 오백 명쯤 되는 남자 신도들에 둘러싸여 부처님께 다가가서 절을 올리고 한 곁에 앉았다. 그 때 부처님께서는 사리뿟따 존자를 불러서 이렇게 말씀하셨다.

"사리뿟따여, 그대가 아는 어떤 흰옷을 입은 재가자가 있다. 그는 다섯 가지 학습계목으로 행위를 제어한다. 그는 바로 지금 여기에서 행복하게 머물게 하는, 네 가지의 높은 마음을 원하는 대로 얻고, 힘들이지 않고 얻고, 어렵지 않게 얻는다. 그는 원하기만 하면 스스로가 스스로에 대해서 설명하기를 '나는 지옥을 다하였고, 축생의 모태를 다하였고, 아귀계를 다하였고, 처참한 곳, 불행한 곳, 파멸처를 다하였다. 나는 흐름에 든 자[預流者, 수다원]로서 악취에 떨어지지 않고 해탈이 확실하며 바른 깨달음으로 나아가는 자다.'라고."

이 경(經)에서, (악하고 불건전한 행위를 제어하는) '다섯 가지 학습계목'이란 오계를 뜻한다. '네 가지 높은 마음을 지닌 자'란 첫째로 여래(如來)의 열 가지 존칭을 경건하게 외우며 부처님께 흔들림 없는 청정한 믿음을 내고, 둘째로 법은 세존에 의해서 잘 설해졌고, 스스로 보아서 알 수 있고, 시간이 걸리지 않고, 와서 보라는 것이고, 향상으로 인도하고, 지자(智者)들이 각자 알아야 하는 것이라고 새기고 법에 흔들림 없는 청정한 믿음을 지니고, 세 번째로 네 쌍의 승가[四雙] 겸 여덟 단계에 있는 승가[八輩]에게 흔들림 없는 청정한 믿음을 지녀야 하고, 네 번째로 삼매에 도움이 되는 계를 구족한 자를 뜻한다. 부처님께서는 천상세계에 태어나거나 혹은 인간세상에서 좋은 가문에 태어나기 위해서는 사무량심[자애·연민·더불어 기뻐함·평정]을 닦아야 함은 물론이거니와 부처님과 벽지불과 여래의 제자들에게 공양을 올려야 되고, 그 공덕으로 최소한 수다원[14]의 도(道)를 얻어서 결국 서서히 열반을 증득하게 된다고 설파하셨다.

세속에 머물고 있는 재가자라 하더라도 세 가지 좋아하는 것, 즉 일하기(집짓기, 옷 꿰매기, 자질구레한 허드렛일 하기 등), 말하기, 잠자기를 좋아하는 것을 줄이고 현실로부터 비켜서서 명상수행을 닦는다면 아래와 같은 몇 가지 열매를 거둘 수 있다.

첫째로 명상수행을 통해서 몸의 경안(輕安)을 얻을 수 있다. 일본인 의사인 '하루야마 시게오'의 임상보고에 의하면, 명상은 좌뇌를 잠재우고 우뇌를 활성화한다. 좌뇌를 쉬고 우뇌를 활용하면 우뇌에서 대뇌모르핀이 나온다. 이 대뇌모르핀으로 젊음을 되찾을 수 있다고 말한다. 호흡은 심장 토대에서 일어나는 것이기 때문에 호흡명상은 심장의 피를 맑게 하고, 그 맑은 피가 혈관을 통해 몸의 곳곳에 흐르게 되면 혈액순환이 원활해져 안색이 좋아지고 몸이 가뿐함을 느낄 수 있다는 것이 다수의 수행자의 경험담이다.

둘째로 마음의 경안(輕安)을 얻을 수 있다. 육체적인 몸이 아닌 수온(受蘊), 상온(想蘊), 행온(行蘊), 식온(識蘊)의 고요함을 말한다. 길 가다 지친 사람이 나무 그늘 아래 앉을 때나 뜨거운 대지에 비가 내려 시원해질 때 경험하는 행복에 비유된다. 마음을 고요하게 가라앉히기는 매우 어렵다. 마음은 불안정하다. 마치 물에서 건져 마른 땅에 내던진 물고기처럼 파닥거린다. 마음은 바람처럼 이리저리 끊임없이 헤맨다. 꼭 길들이지 않은 망아지와 같이 제멋대로 돌아다닌다. 이처럼 마음의 성질은 도무지 종잡을 수 없다. 재가수행자가 몸과 마음이 끊임없이 변하는 상태를 사띠(sati, 正念)하고, 삼빠잔냐(sampajañña, 正知)하는 능력을 키워 나간다면 자기의 마음을 제어할 수 있는 단계에 도달할 수 있고 삼매를 성취할 수 있다.

고요하고 집중된 마음은 사물, 물심(物心) 현상을 있는 그대로 본다. 전일(專一)된 마음은 다섯 가지 장애[五蓋]를 정복해 낸다. 비유컨대 바람 없는 장소에 놓인 등잔의 불꽃처럼 전혀 깜박거리지 않는 것과 같은 마음의 상태에서 마음을 혼란스럽게 만드는 번뇌를 몰아내고 마음의 청정과 온화함을 가져다 준다.

셋째로 선정 상태에서 나와 수행자는 우리를 구성하는 오온(五蘊)의 작용이 바로 다름 아닌 조건으로 말미암아 발생하고 소멸하는 법칙임을 깨닫게 된다. 수행자는 오로지 모든 조건 지어진 것들의 일어남과 사라짐을, 사물들이 어떻게 생겨났다가 없어지는지를 꿰뚫어 보는 지혜, 즉 통찰지를 얻게 된다. 그는 이득과 손실, 좋은 평판과 나쁜 평판, 칭찬과 비난, 고통과 행복이라는 세간의 양(兩) 극점 사이에서 동요하지 않는다.

요약하면, 계(戒)는 삿된 행위로 인한 오염의 정화를, 삼매는 갈애로 인한 오염의 정화를, 통찰지는 사견(邪見)으로 인한 오염의 정

화를 각각 가져와서 이와 같은 수행을 완성하는 자에게 성자로 일
컫는 사쌍팔배(四雙八輩)의 경지로 안내한다.

염지관
명상이란?

필자가 사용하는 염지관이라는 명칭은, 사띠의 한역(漢譯)인 염(念), 사마타(samatha)의 한역인 지(止), 위빠사나(vipassana)의 한역인 관(觀)의 합성어로서 초기불교의 3대 수행방법인 사띠·사마타·위빠사나 수행의 단계 내지 관계를 설명하기 위해서 병렬적으로 묶어 놓은 것에 불과하다. 따라서 '인경' 스님이 창안한 염지관 명상, 즉 느낌이나 감정에 초점을 맞추어서 그것을 알아차리고[念], 머물러서[止], 지켜보는[觀] 명상법과는 다르다는 것을 먼저 밝힌다.

부처님의 육성이 생생히 살아있는 4부 니까야[4아함] 가운데 명상 수행법을 설한 경(經, nikāya)으로는, 수행3경으로 일컬어지는 「출입식념경(出入息念經)」, 「염신경(念身經)」, 「사념처경(四念處經, satipaṭṭhā -

nasutta)」이 있다. 이 경들은 빠알리 경장인 『맛지마니까야(中部)』에 실려 있다.

『디가니까야(長部)』에 실려 있는 「대념처경(大念處經, Mahāsatipaṭṭhā-nasutta)」은 자신을 몸(身)·느낌(受)·마음(心)·법(法)의 네 가지로 해체하여, 이 네 가지를 대상(명상의 주제)으로 하여 잊지 않고, 새기고, 알아차리고, 관찰하는 방법을 가르친 경으로서 앞서의 수행3경을 집대성한 초기 수행법에 관한 한 가장 중요한 경이라 말할 수 있다.

필자가 보건대, 「출입식념경」과 「염신경」은 선정[삼매] 공부의 향상에 필요한 방법을 설하신 경이고, 「사념처경」은 전자를 포함하여 불교가 지향하는 목표인 해탈을 성취하는 데 가장 빠르고 직접적인 길을 제시하고 있다는 점에서 '빠알리 니까야'에서 가장 중요한 경전이라고 말할 수 있다.

사띠빠타나(satipaṭṭhāna)의 우리말 번역에 대하여 '마음 챙김을 확립하는 수행', '알아차림을 확립하는 수행', '사띠(sati, 念)를 확립하는 수행', '사념처(四念處) 수행', '새김의 토대에 대한 수행' 등으로 번역하고 있어서 초발심 수행자들에게 약간의 오해와 혼돈을 주고 있다.

○ ● ○

『청정도론』에서는 사띠의 용어에 대해 다음과 같이 정의한다. 이것 때문에 기억하고(saranti), 혹은 이것은 그 스스로를 기억하고, 혹은 단지 기억하기 때문에 사띠라 한다. 이것은 [대상에] 깊이 들어가는 것을 특징으로 한다. 잊지 않는 것을 역할로 한다. 보호하는 것으로 나타난다. 혹은 대상과 직면하는 것으로 나타난다. 강한 인식이 가까운 원인이다. 혹은 몸 등에 대해서 사띠의 확립[念處 :sati-paṭṭhāna]이 가까운 원인이다. 이것은 기둥처럼 대상에 든든하게 서 있기 때문에 혹은 눈 등의 문을 지키기 때문에(rakkhanato) 문지기와 같은 것으로 보아야 한다.

우리나라에서 널리 통용되는 사띠의 우리말 번역은 '마음 챙김'이다. 사띠의 기능이 현전(現前)에 주의를 기울임으로써 탐욕과 집착이 제거되게끔 한다는 점을 고려할 때 '챙긴다'는 표현은 사띠의 온전한 의미를 드러내는 데 부적합하다. 한편 '알아차림'이라는 번역이 원어에 가장 충실한 번역이라 할 수 있으나, 초기경전의 여러 곳에서 쌍둥이처럼 함께 쓰이는 삼빠잔냐(sampajañña, 正知)도 알아차림의 뜻을 지니고 있어서 동시에 수용하기 어렵다. 그런 이유로 필자는 이 글에서 원음에 따라 사띠로 표기하기로 했다.

　사띠는 잊지 않음(不忘)을 주된 기능으로 하면서, 특정한 대상을 향해 지속적으로 주의를 기울여 나가는 역할을 수행하고, 내용적으로는 마음이 지금 여기에 현존하는 것이며, 분별적인 사유[尋]나 숙고[伺]에 휩싸이지 않고 대상을 알아차리고, 관찰하는(anupass) 마사띠의 주요 기능은 감관(感官)을 지키는 문지기 역할이다.
사띠는 생각이 아니라 마음이 대상과 끈으로 묶여있는 상태에서
탐냄·성냄·어리석음 등의 번뇌가 들어올 기회를 주지 않도록
마음[意, mano]을 지키고 챙기는 역할을 한다.

음부수[心所, cetasika]의 하나이다.

사띠의 주요 기능은 감관(感官)을 지키는 문지기 역할이다. 사띠는 생각이 아니라 마음이 대상과 끈으로 묶어있는 상태에서 탐냄·성냄·어리석음 등의 번뇌가 들어올 기회를 주지 않도록 마음[意, mano]을 지키고 챙기는 역할을 한다.

∘ • ∘

감각의 5문(五門), 즉 안(眼)·이(耳)·비(鼻)·설(舌)·신(身)은 마노(意, 六門)를 의지처로 하고, 마노는 사띠를 의지처로 하고, 사띠는 저 해탈을, 해탈은 열반을 의지처로 한다고 『아비담마타 상가하』에서 강조하고 있다.

그런데 팔정도의 핵심이라고 할 수 있는 정념(正念)이 대승불교의 실천도인 육바라밀에서는 빠져버리고 대승불교 수행의 어느 곳에서도 강조하지 않는다는 지적이 있다.

일상생활에서 사띠를 놓친다는 것은 '감각의 문을 지키는 문지기'가 없는 것과 같아서 감각적 쾌락에 쉽게 노출되어 마음이 오욕락[樂]에 물들 수 있기 때문에 사띠 수행은 일상 속에서 지속되어야 한다.

대반열반경에 따르면, 세존께서 석 달 뒤에 열반에 드실 것을 예고하신 후에 비구들을 불러서 이렇게 말씀하셨다. "비구들이여! 참으로 이제 그대들에게 당부하노니, 형성된 것들은 소멸하기 마련인 법이다. 방일(放逸)하지 말고 해야 할 바를 모두 성취하라."

『복주석서(Tika)』에서는 여기서의 불방일(不放逸)이라는 뜻을 사띠의 현전으로 풀이하고 있다. 아비담마에서는 불방일을 사띠와 동의어로 간주하고 있기 때문에, 사띠는 수행자로 하여금 성취해야 할 열반을 성취하게 하는 가장 중요하고도 유익한 심리요인[心所]이다.

부처님께서는 탐욕, 애착과 같은 번뇌에 사로잡힌 상태를 일종의 심통(心痛)으로 간주하고, 이를 치유하기 위한 도구로서 사띠(念, sati)의 확립이라는 명상 기법을 개발한 것으로, 후학(後學)들은 이해하고 있다.

사띠 수행과 관련하여 처음에 「출입식념경」을 보았다. 그러나 이 경을 잘 숙지하고 이해하여 실천에 옮기는 것은 매우 힘들었다. 지역 실정상 캄캄한 밤에 등불을 켜고 초기불교의 수행으로 안내해 줄 스승 또는 도반을 만날 수가 없어서 사실상 사띠 수행을 반 포기한 상태에서 옛날 귀동냥한 바대로 단전(丹田)에 집중하여 아랫배가 들숨에 따라 부풀어지고 날숨에 따라 수축되는 느낌만을 알아차리고 관찰하는 수행만을 해 왔다.

그런 와중에 서가에 꽂혀있는 4부 경전(4아함) 중, 「대념처경」을 읽고 나서 이 경이 위빠사나 수행에 관한 부동의 준거임을 비로소 알게 되었고, 네 가지[몸-느낌-마음-법]에 대한 관찰에 앞서서 사띠[正念] 수행이 선행되어야 함을 스스로 깨치게 되었다.

설령 초기경전을 많이 읽고 이해했다고 가정하더라도[聞慧], 이를 실천하지 않는다면 남의 집의 소만 세는 목동에 불과할 뿐이다. 그래서 믿음과 열의를 갖고 「출입식념경」을 정독하면서 들숨날숨에 대한 사띠 수행에 몰두하기 시작했다.

그러자, 진리를 찾는 사람만이 맛볼 수 있는 내적 보상이 나에게 나타났다. 호흡 사띠가 향상되어 가면서 몸의 경안과 법열(法悅)이 느껴지고 마음이 평온해지면서 마치 하늘이 되어 구름을 바라보듯, 바다가 되어 파도를 바라보듯 내 안에서 일어나는 느낌·갈망·탐욕·분노·무지 등과 그 원인을 알아차릴 수 있게 되었다.

여기서 필자는 사띠[念]·사마타[止]·위빠사나[觀] 수행이 상호 밀접한 관계를 갖고 있다는 것, 즉 사띠 수행은 사마타와 위빠사나 수행의 태반(胎盤)과 같은 역할을 한다는 것을 스스로 깨치게 된 것이다.

다시 말하면, 호흡에 대한 사띠에서 정신적 고요함이 드러나면 이것은 곧 사마타[止, samatha] 수행으로 이어지고, 느낌과 마음과 법에 대한 사띠에서 진리[佛法]에 대한 통찰이 강조되면 이것은 곧 위빠사나[觀, vipassana] 수행으로 이어진다는 것을 자각하게 된 것이다.

요컨대, 사띠는 선정 삼매에 들어가는 매우 중요한 마음부수이기도 하지만, 오온(五蘊)의 '무상·고·무아'를 체득하는 지혜(위빠사나)를 계발하는 중요한 길목으로 이해되고 있다. 따라서 오늘날 남방불교의 수행법으로 알려진 위빠사나 수행법에서 사띠 수행은 결론적으로 사념처의 수행 원리 겸 사마타와 위빠사나를 가능하게 해주는 명상기법이라고 정의할 수 있겠다.

한편, 미얀마 쉐우민 수행센터●15)에서는 염(念)·지(止)·관(觀) 3자의 관계에 대하여 이렇게 설명하고 있다.

○ ● ○

"신심이 있어야 노력함이 있고, 노력함(정정진)이 있어야 사띠(정념)가 향상되고 사띠가 향상되어야 사마디(삼매)가 확립된다. 사마디가 확립되어야 사실 그대로 알게 되고(如實知見), 사실 그대로 알게 되므로(panna) 신심이 더 생기게 된다."

필자는 빠알리 경장에 있는 수행3경을 의지처로 하여 수행하고 있다. 즉 사념처 수행을 토대로 사마타와 위빠사나를 쌍(?)으로 닦고 있어서[止觀兼修], 사띠 수행의 중요성을 체험하고 있다. 나아가 사띠 수행의 길라잡이라고 할 수 있는 쉐우민 수행센터의 수행자료(요약본)를 수행에 접목시켜 얻은 결론은 사띠 수행을 하지 않고는 지관겸수[止觀兼修]로 진입할 수 없다는 것이었다.

이와 달리, 우리의 선방에서는 화두선이 최상승의 수행법이라

고 여기고 단박에 존재의 실상을 깨치고자 수행하는 스님들이 많
다. 하지만, 일반 재가불자들이 화두선을 하기는 너무 어렵다. 깨
달음을 성취하기 위한 수행법은 다양하다. 여기서 필자는 티베트
불교의 수행법, 중국의 선불교 수행법, 불교 외의 다른 수행법 등
과 비교하여 초기불교 수행법의 우열(優劣)을 논하고 싶은 생각은 추
호도 없다. 각자가 근기에 따라 제 갈 길을 갈 뿐이다. 다만 필자는
부처님께서 수행했던 방법, 즉 사띠·사마타·위빠사나[세 겹] 수행을
하는 것이야말로 피안(彼岸)으로 가는 가장 빠르고 올바른 지름길이
라고 본다.

01 ● 팔정도는 전통적으로 정견(正見), 정사유(正思惟), 정어(正語), 정업(正業), 정명(正命), 정정진(正精進), 정념(正念), 정정(正定)의 여덟 겹의 수행을 일컫는다.

02 ● 전승된 가르침이라는 뜻을 가진 원어 '아가마(āgama)'는 중국에서 아함(阿含)으로 음역되었다.

03 ● 아난다 존자는 25년 가까이 세존을 시봉했고, 세존의 열반을 지켜보았고, 다문(多聞) 제일이라는 칭호로 우리에게 잘 알려진 성자이시다.

04 ● 「뱀에 대한 비유의 경(MN 22)」, 부처님께서 삿된 견해를 가진 비구 '아릿타'에게 "어떤 사람이 뱀을 찾아서 가는데, 큰 뱀을 보고는 그 몸통이나 꼬리를 잡으면, 그 뱀은 되돌아서 그 사람의 손이나 팔이나 다른 사지를 물을 것이고, 그 때문에 그는 죽거나 죽음에 이를 정도의 고통을 맛볼 것이다. 뱀을 잘못 붙잡았기 때문이다."라고 비유하여 설명하면서 그 수행자를 삿된 견해에서 벗어나게 하고자 훈계하셨다.

05 ● 『청정도론』 1권 p.63, 붓다고사 스님 지음 / 대림 스님 옮김, 초기불전연구원.

06 ● 퇴현 전재성 교수는 철학박사로서 중앙승가대, 한국불교대학 교수 등을 역임했고, 현재 한국빠알리성전협회 회장으로 우리말 빠알리대장경 번역에 힘쓰고 있다.

07 ● 대림 스님 옮김, 초기불전연구원 『가려 뽑은 앙굿따라니까야』 번뇌의 경(AN6:58)에 대한 해설 참조.

● **08** ● 대림 스님 옮김, 초기불전연구원 『가려 뽑은 앙굿따라니까야』 「우루웰라 경
(AN4:21)」에 대한 해설 참조. 「존중의 경(SN 6:2)」에 같은 가르침이 실려 있다.

● **09** ● 각묵 스님 옮김, 초기불전연구원 『디가니까야』 2권 「대반열반경(DN 16)」에 대한
해설 참조.

● **10** ● 각묵 스님 옮김, 초기불전연구원 『디가니까야』 3권 「전륜성왕 사자후경(DN 26)」
에 대한 해설 참조.

● **11** ● 각묵 스님 옮김, 초기불전연구원 『디가니까야』 1권 「소나단다 경(DN 4)」 참조.

● **12** ● 『청정도론』 1권 p. 33, 붓다고사 스님 지음 / 대림 스님 옮김, 초기불전연구원.

● **13** ● 대림 스님 옮김, 초기불전연구원 『가려 뽑은 앙굿따라니까야』 「계행이 나쁨 경
(AN5 : 24)」에 대한 해설 참조.

● **14** ● 오온(五蘊)을 영원한 자아라고 보는 자아에 대한 환상[有身見], 회의적인 의심[疑], 단
순한 의례나 금기에 대한 집착[戒禁取見] 등 세 가지 족쇄를 여읜 자로서 성인의 흐
름에 들어선 사람.

● **15** ● 미얀마 쉐우민 수행센터는 아라한과를 증득하시고 열반에 드신 '쉐우민 사야도
바단다 꼬살라' 큰스님이 세운 수행처로서, 현재 그 수제자인 '아신 떼자니야
스님이 전 세계에서 찾아오는 수행자들에게 사띠빠타나 수행을 가르치고 있다.

수행자의 고향
사띠빠타나를 찾다

불쾌한 느낌도 부정할 수 없는 내 삶의 일부이고 내게 찾아오는 귀한 손님이다.
존재하는 그대로 온전하게 느끼면서 변화되는 느낌의 전 과정을
휩쓸리지 않고 머물러 지켜볼 수만 있다면 결국 이것이
우리를 지혜로 이끌고, 삶을 평화롭게 가꾸어 줄 것이다.

사띠빠타나
수행

사띠빠타나(satipaṭṭhāna)는 사띠와 빠타나 합성어로 [대상을] 새겨서 알아차리고 바라보는 것을 뜻한다. 한역경전에서는 사념처·사념주로 번역하고 있으며, 이는 「염처경」에 실려 있다. 사념처는 몸(身)·느낌(受)·마음(心)·법(法)의 네 가지 대상에 대해서 사띠하는 자리를 뜻한다. 이를테면, 느낌[受]에 대해 알아차림으로써 지킨다는 의미는 바로 사띠(sati, 念)와 다르지 않고, 그 다음에 관찰하여 번뇌를 끊는다는 의미는 바로 위빠사나[觀]와 같으므로, 궁극적으로 사띠와 삼매와 반야(지혜)의 힘으로 탐욕과 산란한 마음을 잘라내는 데 사념처 수행의 목적이 있다. 만약 그 대상을 알아채기만 하고 잘라내지 못한다면 그것은 사념처 확립의 수행이라고 말할 수 없다.

'인경' 스님의 강론에 따르면, 특히 『대비바사론(大毘婆沙論)』에서는 사띠빠타나를 사념주(四念住)라고 한역(漢譯)하고 '알아채고, 번뇌를 쉬어서, 머문다.'는 세 가지 내용이 포함된 것으로 해석하고 있다. 비유컨대, 마치 밭에서 먼저 왼손으로 잡초 등을 잡고, 나중에 오른손으로 낫을 쥐고서 그것을 자르는 것과 같다고 적고 있다. 다시 말하면 먼저 알아채고, 섭수하여 지키고, 다음은 지혜로 관찰하여 번뇌를 끊는 작용을 뜻한다[以念攝持 以慧觀察 面斷煩惱].

사띠 수행이 '해탈에 이르는 유일한 독점적인 길'이라고 세존께서 천명하셨는데, 이 가르침이 실린 경전이 「사념처경」이다.

"수행승들이여! 뭇 삶을 청정하게 하고, 슬픔과 비탄을 뛰어넘게 하고, 고통과 근심을 소멸하게 하고, 올바른 방도[八正道]를 터득하게 하고 열반을 실현시키는 하나의 길[一乘道]이 있으니 바로 네 가지 사띠의 확립이다. 네 가지란 어떤 것인가? 수행자는 ① 몸에 대해 몸을 관찰한다, ② 느낌에 대해 느낌을 관찰한다, ③ 마음에 대해 마음을 관찰한다, ④ 법(담마)에 대해 법을 관찰한다. 어떻게? 열심히 노력하고, 올바로 알아차리고, 마음 챙기면서 세상에 대한 탐욕[貪心]과 싫어하는 마음[厭惡]을 버리면서 네 가지를 관찰한다."라고 설하신다.

여기에서 '몸에 대해 몸을 관찰하여'라는 반복적인 표현은 주석서에 의하면 그것과 혼동되어서는 아니 될 다른 대상과 분리하여 명상의 대상을 정확히 규정할 목적을 갖고 있다는 의미라고 설명하고 있다. 따라서 이 수행에서 몸은 단지 그러한 것으로 관찰해야지 그것과 관련된 느낌이나 마음, 사건으로 관찰해서는 안 된다는 뜻이다. 또한 이 구절은 몸은 단지 몸으로 관찰해야지, 남자나 여자, 자아 또는 중생으로 관찰해서는 안 된다는 깊은 의미를 갖고 있다. 아울러 몸 전체를 하나의 상태로 관찰하지 않고 몸의 사지(四肢) 또는 머리털, 몸털 등의 부분들의 집합으로 관찰한다는 뜻이다. 바꿔 말하면, 몸을 해체해서 몸의 32부위를 근본물질인 사대(四大)와 파생된 물질의 덩어리로 관찰해야 한다는 뜻이다.

이런 방식은 세 가지[受·心·法] 사띠의 대상에 대해서도 동일하게 적용되고, 단계적으로 차례차례 사띠 수행을 향상시켜 나가라는 게 부처님의 가르침이시다.

출리산방에는 '心外無法'이라고 쓴 액자가 걸려 있는데, 필자는 마음 밖에서 법을 찾지 말라는 것으로 이해하고 있다. 그런데 무상함과 불안감에 쫓기고 있는 현대인들은 밖에서 '의지할 곳'을 찾고 있다. 이를테면, 돈에 의지하든지, 친구에 의지하든지, 부모님께 의지하든지, 하느님께 의지하든지, 끊임없이 누군가를 의지하면서 안전과 행복을 찾고 있다. 필자도 수행자로 변신하기 전까지 그런 부류였다. 낙선(落選)의 고배(苦杯)를 마시고 나서야 필자는 비로소 내 자신을 돌아보게 됐다.

○ ● ○

"슬프다. 요새 사람들은 너무 똑똑한 나머지 자기 마음이 참 부처인 줄 알지 못하고 자기 성품이 참 법인 줄을 모르고 있다. 법을 저 멀리 성인들한테서만 구하려 하고, 부처를 찾고자 하면서도 자기 마음을 살피지 않는다. 만약 마음 밖에 부처가 있고, 성품 밖에 법이 있다고 고집하여 불법을 구한다면, 이런 사람은 억만 년을 지나도록 온갖 고행을 쌓는다 할지라도 아무 보람도 없이 수고로울 뿐이다. 자기 마음을 알면 끝없는 법문과 한량없는 진리를 저절로 얻게 될 것이다."

- 보조국사 지눌, 『수심결(修心訣)』

내 자신을 돌아보게 되었다는 말은 눈에 보이는 이 세상, 즉 조건 지어진, 형성된 세상을 보고 존재의 이유를 찾겠다는 의미가 아니라, 나고 죽는 인생의 근본문제를 내 안[五蘊]에서 꿰뚫어 보기로 했다는 뜻이다.

"관자재보살이 오온(五蘊)이 공(空)함을 관(觀)하고 온갖 괴로움을 소멸시켰다[五蘊皆空度一切苦厄]."라는 반야심경의 금구(金句)에서 오온이라 함은 색(色)·수(受)·상(想)·행(行)·식(識)을 의미한다. 세존께서는 생명체인 사람을 해체해서 오온으로 관찰했다. 여기서 색(色)은 물질

즉 몸을, 식(識)은 마음을 가리킨다. 또한 수(受)·상(想)·행(行)은 마음부수로서 마치 왕의 행차 시에 대신들이 따라가듯이 마음이 일어나면 반드시 또는 때때로 뒤따르는 해롭거나 아름다운 심리요인들이다.

오온(五蘊)과 사념처인 몸(身)·느낌(受)·마음(心)·법(法)의 네 가지를 서로 맞대어 비교하면, 몸은 색온(色蘊)에, 느낌은 수온(受蘊)에, 마음은 식온(識蘊)에, 법(상카라)은 행온(行蘊)에 해당된다.

자신에게 의지하는 방법으로 부처님께서 설하신 사념처(四念處)의 확립이라 함은 자신을 몸(身)·느낌(受)·마음(心)·법(法, 심리현상)의 네 가지로 해체해서 이 오온(五蘊) 속에 불변하는 실체(자아)가 없음을 관찰하라는 뜻이다. 부처님께서는 세상[苦], 고(苦)의 원인(갈애), 고(苦)의 소멸(열반)과 그 소멸에 이르는 길(팔정도)이 내 오온(五蘊) 안에 있음을 설파하셨다.●01)

네 가지 근본물질[四大]로 이루어진 바로 이 몸과 마음[五蘊]이 고(苦)이므로 계정혜의 완성을 통해 오온을 붙잡고 있는[五取蘊] 번뇌를 소멸시켜야만 열반을 성취할 수 있다는 뜻이다.

『청정도론』에 따르면, 명상주제로 40가지를 들고 있다. 사띠의 대상이 그만큼 많다는 뜻이다. 그런데 주석서에는 "왜 세존께서는 많지도 적지도 않게 네 가지만으로 사띠의 확립을 설하셨는가?"라고 묻고, 이에 대해서 다음과 같은 해법을 제시하고 있다.

〈첫째로〉 제도될 사람의 이익을 위해서이다.

세존께서는 ① 갈애의 기질을 가진 자, ② 사견의 기질을 가진 자, ③ 사마타의 길을 가는 자, ④ 위빠사나의 길을 가는 자 등 제도될 사람들에 대해 둔하고 예리함을 기준으로 두 부류씩 나누어 설하셨다.

① 갈애의 기질을 가진 둔(鈍)한 자에게는 조대(粗大)한 몸을 관찰하는 마음 챙김의 확립이, 예리한 자에게는 미세한 느낌[受]을 관찰하는 사띠의 확립이 청정에 이르는 도(visudhimagga)라고 설하셨다.

② 사견의 기질을 가진 둔한 자에게는 지나치게 세분되지 않는 마음을 관찰하는 사띠의 확립이, 예리한 자에게는 아주 세분화된 심리현상을 관찰하는 사띠의 확립이 청정에 이르는 도라고 설하셨다.

③ 사마타의 길을 가는 둔한 자에게는 별 어려움 없이 표상을 얻는 첫 번째인 몸을 관찰하는 사띠의 확립이, 예리한 자에게는 거친 대상에 머무르지 않기 때문에 두 번째인 느낌을 관찰하는 사띠의 확립이 청정에 이르는 도라고 설하셨다.

④ 위빠사나의 길을 가는 둔한 자에게는 지나치게 세분되지 않는 대상인 세 번째인 마음을 관찰하는 사띠의 확립이, 예리한 자에게는 아주 세분된 대상인 네 번째인 법을 관찰하

는 사띠의 확립이 청정에 이르는 도라고 설하셨다.

〈둘째로〉 깨끗하고[淨], 즐겁고[樂], 항상하고[常], 자아[我]라는 전도(顚倒)된 인식을 제거하기 위해서 네 가지로 설하셨다.

① 몸은 부정(不淨)하다. 거기에 대해서 깨끗하다는 전도된 인식으로 헤매는 것이 중생들이다. 그들에게 여기에 대한 부정함을 보여줌으로써 그 전도된 인식을 버리게 하기 위해서 첫 번째인 몸에 대한 사띠의 확립을 설하셨다[觀身不淨]. ② 느낌은 괴로움이고[觀受是苦], ③ 마음은 무상하고[觀心無常], ④ 법(담마)은 무아이다[觀法無我]라고 설하셨다.

그러나 중생들은 이들 네 가지에 대해서 깨끗하고, 즐겁고, 영원하고, 자아라는 전도된 인식으로 헤맨다. 무상한 것 속에 영원한 것이 있다고 생각하고, 괴로움 속에 즐거움이 있다고 생각하고, 실체가 없는 것 속에 실체가 있다고 생각하는 것이 이치에 맞지 않는 정신활동[ayoniso manasikāra]으로, 팔정도가 아닌 팔사도(八邪道)의 길로 나아간다고 설하셨다.

나는 왜
사띠빠타나
수행을 하고 있는가?

필자는 다음과 같은 이익과 결실이 기대되기 때문에 사띠빠타나 수행을 하고 있다.

부처님께서도 사띠의 도 닦음으로 어떤 과(果)를 얻는가에 대한 질문을 받았다. 이에 대해 부처님께서 이렇게 말씀하셨다.

○ ● ○

"수행승들이여! 누구든지 이 네 가지 사띠의 확립을 칠 년까진 아니더라도 칠 일 또는 몇 달을 닦는 사람은 두 가지 결과 중의 하나를 기대할 수 있다. 지금 여기서 구경의 지혜를 얻거나(아라한) 취착의 자취가 남아 있으면 다시는 돌아오지 않는 경지(不還者, 아나함)를 기대할 수 있다.”

첫 번째, “생명을 죽임, 주지 않는 것을 가짐, 삿된 음행, 거짓말, 방일하는 근본이 되는 술과 중독성 물질”, 이 다섯 가지가 도 닦음을 나약하게 만드는 것이므로, 이를 버리기 위해서는 네 가지 사띠의 확립을 닦는다.●02)

두 번째, “감각적 욕망의 장애, 악의(惡意)의 장애, 게으름·혼침의 장애, 들뜸·후회의 장애, 의심의 장애”, 이 다섯 가지 장애[五蓋]가 삼매를 방해하고 해탈의 길을 가로막고 있으므로, 이를 버리기 위해서는 네 가지 사띠의 확립을 닦는다.●03)

세 번째, 다섯 가닥의 감각적 욕망, 즉 눈으로 인식되는 형상들, 귀로 인식되는 소리, 코로 인식되는 냄새들, 혀로 인식되는 맛들, 몸으로 인식되는 감촉들에 대해 원하고, 좋아하고, 마음에 들고, 사랑스럽고, 달콤하고, 매혹적인 것이라는 탐착을 버리기 위해서는 네 가지 사띠의 확립을 닦는다.●04)

네 번째, “나[我] 등으로 취착하는 물질의 무더기[色取蘊], 느낌의 무더기[受取蘊], 인식의 무더기[想取蘊], 알음알이의 무더기[識取蘊]”를 버리기 위해서는 네 가지 사띠의 확립을 닦는다.●05)

다섯 번째, 열 가지 족쇄●06)를 끊기 위해서 네 가지 사띠의 확립을 닦는다.

요컨대, 삼매[止]에 들면 탐욕이 극복돼 마음의 해탈(心解脫)을 가져와서 욕계(欲界)를 떠나 색계(色界)로 들어간다. 위빠사나[觀]를 닦으면 무명이 제거되어 혜(慧) 해탈을 가져와서 욕계·색계·무색계의 삼계를 떠나 피안(열반)의 세계로 들어간다.

반면에 사띠와 삼빠잔냐(sampajañña)를 놓쳐버렸을 때 어떤 해로운 결과 또는 불이익이 초래되는지에 대하여 부처님께서 다음과 같이 경고하고 있다.

○ ● ○

"수행승들이여! 사띠[正念]와 삼빠잔냐[正知]가 없을 때 그것들이 없는 자에게 양심과 수치심은 조건을 상실해버린다. 양심과 수치심이 없을 때 양심과 수치심이 없는 자에게 감각기능의 단속은 조건을 상실해버린다. 감각기능을 단속하지 못할 때 감각기능을 단속하지 못한 자에게 계행은 조건을 상실해버린다. 계행이 없을 때 계행을 파한 자에게 바른 삼매는 조건을 상실해버린다. 바른 삼매가 없을 때 바른 삼매가 깨진 자에게 여실지견(如實知見)은 조건을 상실해버린다. 여실지견이 없을 때 여실지견이 없는 자에게 염오와 탐욕의 빛바램은 조건을 상실해버린다. 염오와 탐욕의 빛바램이 없을 때 염오와 빛바램이 없는 자에게 해탈지견은 조건을 상실해버린다.

예를 들면 가지와 잎이 없는 나무는 새싹이 자라나지 못하고 껍질이 완성되지 못하고 연한 목재[白木質]가 완성되지 못하고 심재(心材)가 완성되지 못하는 것과 같다." •07)

사띠(sati, 正念)와 삼빠잔냐(sampajañña, 正知)의 우리말 번역에 대하여, 사띠는 올바른 알아차림으로, 삼빠잔냐는 올바른 이해로 표현하면서 이들의 상호 보완적 관계에 대하여 '인경' 스님은 이렇게 설명하고 있다.

○ ● ○

일반적으로 정지(正知)가 바른 견해에 해당된다면, 정념(正念)은 마음의 평정과 관련된다. 알아차림[念]과 바른 이해[知]는 초기경전에서 쌍둥이처럼 함께 자주 설하여지기 때문에 정확하게 구별할 필요가 있다. 예를 들면 어깨라는 장소에 다가가서 그 특정한 느낌을 '포착'하는 일은 알아차림[念]의 역할이다. 하지만 어깨에서 발생되는 느낌을 마음의 작용과 구별되는 성격과 무상성에 대한 '통찰'은 사띠의 영역이 아니라 올바른 이해[知]의 영역이다. 대상에 대한 알아차림[念]이 없다면, 대상에 대한 이해[知]는 공허한 개념이 된다. 개념은 안개처럼 흐릿하고 애매하여 살아있는 지혜가 아니다. 알아차림[念]은 언제나 현재의 시점이며, 직접적인 경험을 의미한다.

하지만 대상에 대한 분명한 이해[正知]가 결여된 알아차림은
집착을 증대시키는 경향도 있다. 이들은 서로 상호 보완적인
관계를 이루면서 명상수행의 실질적인 길잡이가 된다.

내 안의
들숨날숨
지켜보기

붓다의 호흡법 : 아나빠나사띠

우리는 죽을 때까지 숨을 쉬어야 한다. 수행자들을 제외한 일반인들은 들숨날숨에 주의를 고정시키고 집중하는 훈련을 해본 일이 거의 없다. 그들은 호흡명상의 유익함을 모르기 때문에 애초부터 호흡에는 관심이 없다. 필자 역시 호흡명상을 하기 전까지 코끝에서 들어가고 나가는 숨에 관심을 가져본 일이 없다.

부처님께서는 당신을 찾아온 많은 사람들을 위해서 마음을 집중하는 여러 가지 수행법을 고안했다. 그 가운데 몸과 마음의 활동을 탐색하는 가장 좋은 기술은 부처님께서 몸소 실천한 호흡관법[아나빠나사띠]이다.

호흡명상은 자의적으로 호흡을 조정하는 호흡 훈련이 아니라, 자연스럽게 들숨과 날숨이 반복되는 과정에 그 호흡의 흐름이 '짧든 길든 무겁든 가볍든 거칠든 부드럽든' 이를 인식하지 않고 있는 그대로의 호흡을 의식하고, 깨어있는 상태를 유지하면서 어떤 혼란도 없이 호흡에 주의 집중하는 방법이다.

들숨날숨을 관찰하는 것은 일으킨 생각, 예컨대 과거에 대한 회상이나 현재의 느낌과 갈애 등을 자르기 위한 방편으로 자신의 존재를 알아차리는 매우 소중한 명상기법이다. 그런 취지에서 생명을 지탱해 주는 에너지인 호흡을 조절하고 강화하는 수행법인 요가(Yoga)와는 다르다.

부처님을 비롯한 출가수행자들이 깨달은 이후에도 주로 아나빠나사띠[08]로 수행했다는 사실은 「웨살리 경(SN54:9)」, [아난다 경(SN54:13)」에서 확인할 수 있다. 현재 남방불교에서도 아나빠나사띠 수행이 사념처 내지 위빠사나 수행의 핵심주류이다. 부처님께서는 '들숨날숨에 대한 사띠'를 통해서 증득한 초선(初禪)이 깨달음을 얻는 길이라고 말씀하셨다.[09] 필자의 수행경험에 비추어 보아도 실제로 호흡 사띠만으로 본 삼매를 증득할 수 있다고 확신하고 있다.

들숨날숨에 대한 사띠는 몸을 관찰하는 신념처[身念處] 수행에 속한다. 왜 그러냐 하면 부처님께서 들숨날숨이라는 것은 몸들 가운데서 '한 가지 형태의 몸'이라고 말씀하셨기 때문이다. 또 주석서에서는 그 한 가지란 지수화풍의 4대 가운데 바람의 몸[風身]을 뜻하는 것으로 들숨날숨을 관찰하는 것은 몸에서 몸을 관찰하는 것과 같다고 설명하고 있다.

호흡 수행의 준비

호흡 수행을 원만히 해나가기 위해서 몇 가지 미리 준비할 것이 있다. 첫 번째 음식은 적절한 때 적정량(70%)을 섭취해서 과식하지 말아야 한다. 두 번째 편하고, 남의 눈에 거슬리지 않는 단순한 옷을 입는 것이 좋다. 세 번째 도심에서 너무 멀리 떨어져 있지 않으면서 고요한 숲속 등 수행에 적절한 장소를 선택해야 한다. 호흡수행에 익숙해지면 장소에 구애받을 필요가 없다. 필자는 사무실에서 일을 하다가 피곤하거나 긴장이 되면 안락의자에 앉아서 들숨날숨에 집중한다. 장거리를 차 또는 비행기로 여행할 때에도 옆 좌석에 신경을 쓰지 않고 들숨날숨에 집중한다.

비록 그 짧은 시간이라도 번뇌, 망상들이 제압되어 오직 들숨날숨만이 있는 고요한 상태를 체험한다. 수행의 시간 역시 중요하다. 하루 중에 특정한 시간에 구애받을 필요는 없지만 잠에서 깨어난 이른 아침이 적당하다. 또한 코감기나 소화 장애가 있으면 들숨날숨에 집중하는 데 방해가 되므로 건강한 몸 상태를 유지해야 한다. 끝으로 수행에 도움을 받을 수 있는 조언자, 즉 선지식(善知識) 또는 도반이 있어야 한다. 그 전에 수행의 길라잡이가 될 수 있는 서적, 예컨대 『마음으로 숨 쉬는 붓다』[10]를 읽어보는 것도 도움이 될 것이다.

앉는 자세는 결가부좌가 최상이지만, 힘들면 반가부좌도 좋고 그 자세조차 힘들면 등뼈를 곧추 세우는데 장애가 없는 편안 자세로 앉으면 된다. 양손은 무릎 위 또는 허벅지 위에 올려놓는다. 눈은 뜬 채로 호흡 명상을 시작해야 하는데, 집중이 잘 안 될 경우에는 눈을 감을 수밖에 없다. 다만 눈을 감게 되면 졸음이 올 수도 있으므로 실눈으로 뜨고 삼매에 들 때까지 코끝을 응시하는 것이 바람직하다.

아나빠나사띠 16단계

아나빠나[들숨날숨]의 대상(표상)은 코끝 혹은 입술이고, 들숨날숨은 사띠의 확립이다. 『청정도론』에서는 초기 여러 경전에 나타난 들숨날숨에 대한 사띠의 정형구를 열여섯 단계로 구분해서 설명하고 있다. 이것을 다시 네 개씩 조를 묶어서 총 네 부분으로 나누어서 설명한다. 그 열여섯 단계는 다음과 같다.

01. **길게 들이쉬면서는 '길게 들이쉰다.'**고 꿰뚫어 알고(pajānāti),
     길게 내쉬면서는 '길게 내쉰다.'고 꿰뚫어 안다.

02. **짧게 들이쉬면서는 '짧게 들이쉰다.'**고 꿰뚫어 알고,
     짧게 내쉬면서는 '짧게 내쉰다.'고 꿰뚫어 안다.

03. **온몸을 경험하면서 '들이쉬리라.'** 공부 짓고(sikkhati),
     온몸을 경험하면서 '내쉬리라.'고 공부 짓는다.

04. **몸의 작용(身行)을 편안히(고요하게) 하면서 '들이쉬리라.'**고 공부 짓고,
     몸의 작용을 편안히 하면서 '내쉬리라.'고 공부 짓는다.

05. **'희열을 경험하면서 들이쉬리라.'**며 공부 짓고,
     '희열을 경험하면서 내쉬리라.'며 공부 짓는다.

06. **'행복을 경험하면서 들이쉬리라.'**며 공부 짓고,
     '행복을 경험하면서 내쉬리라.'며공부 짓는다.

07. **'마음의 작용을 경험하면서 들이쉬리라.'**며 공부 짓고,
     '마음의 작용을 경험하면서 내쉬리라.'며 공부 짓는다.

08. **'마음의 작용을 편안히 하면서 들이쉬리라.'**며 공부 짓고,
     '마음의 작용을 편안히 하면서 내쉬리라.'며 공부 짓는다.

09. **'마음을 경험하면서 들이쉬리라.'**며 공부 짓고,
     '마음을 경험하면서 내쉬리라.'며 공부 짓는다.

10. **'마음을 기쁘게 하면서 들이쉬리라.'**며 공부 짓고,

'마음을 기쁘게 하면서 내쉬리라.'며 공부 짓는다.

11. '마음을 집중하면서 들이쉬리라.'며 공부 짓고,
    '마음을 집중하면서 내쉬리라.'며 공부 짓는다.

12. '마음을 해탈케 하면서 들이쉬리라.'며 공부 짓고,
    '마음을 해탈케 하면서 내쉬리라.'며 공부 짓는다.

13. '무상을 관찰하면서 들이쉬리라.'며 공부 짓고,
    '무상을 관찰하면서 내쉬리라.'며 공부 짓는다.

14. '탐욕의 빛바램을 관찰하면서 들이쉬리라.'며 공부 짓고,
    '탐욕의 빛바램을 관찰하면서 내쉬리라.'며 공부 짓는다.

15. '탐욕의 소멸을 관찰하면서 들이쉬리라.'며 공부 짓고,
    '탐욕의 소멸을 관찰하면서 내쉬리라.'며 공부 짓는다.

16. '놓아버림을 관찰하면서 들이쉬리라.'며 공부 짓고
    '놓아버림을 관찰하면서 내쉬리라.'며 공부 짓는다.

아나빠나사띠 16단계와 사념처의 상관성

「출입식념경」에서 세존께서는 첫 번째 네 개조(①↔④)는 사념처의
신념처(身念處 ; 몸에 대한 사띠)에 해당하고, 두 번째의 네 개조(⑤↔⑧)
는 수념처(受念處 ; 느낌에 대한 사띠), 세 번째의 네 개조(⑨↔⑫)는 심념

처(心念處 ; 마음에 대한 사띠), 네 번째의 네 개조(⑬⟷⑯)는 법념처(法念處 ; 법에 대한 사띠)에 해당한다고 설하셨다.

『청정도론』에서도 첫 번째 네 개조(①⟷④)는 초발심 수행자를 위한 가장 기본이 되는 명상주제이며, 나머지 세 가지 네 개조는 첫 번째 네 개조를 통해서 본삼매를 증득한 자를 위해서 느낌[受], 마음[心], 법(法, 담마)의 관찰로써 가르치신 것이라고 설명하고 있다.

●

아나빠나사띠의 수행공덕

『청정도론』에서는 열여섯 가지 토대를 가진 들숨날숨에 대한 사띠는 큰 결실이 있고 큰 이익이 있다고 설명하고 있다. 첫째로 마음을 이곳저곳으로 달아나게 하는, 일으킨 생각과 숙고를 끊어버리고 전적으로 고요하고 수승하고 순수하고 행복한 삶을 가져온다. 필자도 수행을 통해 유사한 행복감을 느낄 수 있었다. 둘째로 영지와 해탈을 성취하는 근본 원인이 된다. 끝으로 임종 시의 마지막 들숨날숨을 아는 것도 세 번째 큰 이익이라고 말한다.

뭇 삶들 가운데 욕계의 존재에서만 들숨날숨이 일어나고 색계와 무색계에서는 일어나지 않고, 또한 선(禪) 가운데 초선에서 제3선까지만 들숨날숨이 일어나고 제4선에서는 일어나지 않고, 죽음의 마음 이전의 16번째의 마음과 함께 일어나 죽음의 마음과 함께 사라지는 것이 죽음의 마지막 들숨날숨인데, 아나빠나사띠를 닦아서 아라한과를 얻은 자는 그의 수명기간을 정확히 재서 죽음의 마지막 들숨날숨을 알아차린다고 말한다.

○ ● ○

「출입식념경」, 「아난다경(SN54:13)」 등에는 "들숨날숨에 대한 사띠를 닦고 익히면 커다란 과보, 커다란 공덕이 있다고 설하고 있다. 먼저 네 가지 사띠의 토대를 원만히 하고, 다음에 네 가지 사띠의 토대를 닦고 익히면 일곱 가지 깨달음의 인자[칠각지]를 원만히 한다. 일곱 가지 깨달음의 고리를 닦고 익히면 명지(明知)와 해탈을 원만히 한다."라고 설하고 있다.

첫 번째 네 개조를 수행하는 방법

호흡명상을 시작하기 위해서 고요하고 안락한 장소(숲 속, 빈방 등)에서 가부좌를 틀고 상체를 곧추 세우고 전면에 사띠를 확립하여 앉는다. 숨이 콧구멍을 통해서 들어오고 나가는 것에 깨어 있어야 한다. 몸 안팎으로 들어오고 나가는 숨의 전 과정을 마음에 잡도리하지 않는다.

처음에는 결코 쉽지 않다. 필자는 이것이 얼마나 어려운지 몸소 체험했다. 호흡에 나의 의식을 집중하자마자 과거의 기억과 경

호흡명상을 시작하기 위해서 고요하고 안락한 장소(숲 속, 빈방 등)에서

가부좌를 틀고 상체를 곧추 세우고 전면에 사띠를 확립하여 앉는다.

숨이 콧구멍을 통해서 들어오고 나가는 것에 깨어 있어야 한다.

몸 안팎으로 들어오고 나가는 숨의 전 과정을 마음에 잡도리하지 않는다.

험들, 그리고 앞으로 내가 할 일에 대한 희망과 불안 등으로 간추릴 수 있는 느낌과 생각들이 찰나 간에 시종(始終) 없이 마음속에서 뛰어 나왔다. 이것들 하나하나에 잠시 주의를 빼앗기다 보면 내가 호흡을 완전히 망각하고 있음을 알아차린다. 새로운 각오로 다시 시작하지만 곧 마음은 재빠르게 호흡으로부터 떨어져 나가곤 했다. 마치 버릇없는 아이가 장난감을 가지고 놀듯이 마음도 한 생각에서 다른 생각으로 끊임없이 돌아다니는 쓰라린 경험을 했다.

참을성 있게 그리고 조용하게 다시 돌아와 호흡에 집중해 본다. 실패하면 또다시 시작한다. 미소를 지으면서 긴장하지 않고 실의에 빠지지 않으면서 다시 반복한다. 불법승 삼보에 대한 믿음이 있기에 인내를 갖고 반복하였다.

초심자인 필자로서는 들숨날숨에 대한 사띠가 쉽지 않았다. 삼매를 개발하기 위해서 집중해야 하는 곳은 바로 코끝 또는 윗입술[표상, nimitta]이다. 호흡에 대한 집중은 현재의 순간을 깨닫는 데 도움을 준다. 가능한 한 순간 순간에 깨어있음의 상태를 유지하는 것이 올바른 집중[定]이다.

일상의 생활 속에서도 집중은 요구되지만 이를 두고 바른 사띠[正念]라고 말할 수 없다. 이를테면 불안을 달래기 위해 유희(遊戲)를 하는 데 집중하거나, 혹은 성적 욕구를 만족시키기 위해 섹스에 집중할 수 있다. 마치 고양이가 쥐구멍 앞에서 쥐가 나타나자마자 덮칠 준비를 하고 모든 주의집중을 기울이지만 이런 유형의 집중은 내적 자유에 도움을 주는 올바른 집중이라 할 수 없다.

만일 들숨날숨에 집중[사띠]이 잘 안 되면, 『청정도론』에서는 숨을 세는 것을 권한다. 이를테면, '들숨-날숨-하나' '들숨-날숨-둘' 적어도 다섯은 세야 하고 열 이상은 세지 말 것을 권한다. 수행의 실제에서는 여덟까지 세는 것을 권장한다. 왜 그러냐 하면, 그것은 초심자가 개발해야 할 팔정도를 상기시키기 때문이다.

숨을 세는 동안 마음이 어딘가를 떠돌아다니지 않아야 하고 오로지 숨에 대해 깨어있을 것이라고 결심한다. 이렇게 셀 수 있을 때 헤아리는 힘으로 마치 키의 도움으로 격류에서 배가 머무는 것처럼 마음에 집중할 수 있으며 오직 숨에만 고요히 깨어있을 수 있다.

숨을 셀 때는 처음에는 천천히 하다가 들숨날숨이 분명해지면 빨리 헤아린다. 비유컨대, 수문장이 도시의 성안과 밖에 사는 사람들을 상대로 일일이 "당신은 누구십니까? 어디서 왔습니까? 어디로 갑니까? 당신의 손에 든 것은 무엇입니까?"라고 조사하지 않고, 오로지 성문에 도착하는 사람들만 낱낱이 검문하듯, 바람(공기)이 도달하는 콧구멍의 문에 닿는 것만을 취하여 빨리빨리 헤아리고 콧구멍의 안과 밖의 바람[風]을 파악하지 않는다.

· · ·

그 이유에 대하여 『청정도론』에서는 이렇게 설명하고 있다.

콧구멍 안으로 들어가는 바람과 함께 마음을 안으로 가져갈 때[그 부분이] 안의 바람에 의해 타격을 받고 굳기름이 가득 차는 것처럼 느껴지고, 한편 밖으로 나가는 바람과 함께 마음을 밖으로 가져갈 때 갖가지 대상에 마음이 흩어 질 수 있기 때문이다.

배꼽은 나가는 바람의 시작이고 심장은 중간이고 코끝은 마지막이다. 반면에 코끝은 들어오는 바람은 시작이고 심장은 중간이고 배꼽은 마지막이다. 초심자가 호흡의 처음, 중간, 마지막을 따라갈 때 그의 마음은 흩어지고 불편하고 동요되므로, 그것들을 관찰하기 위하여 마음이 결코 안팎으로 움직이지 않아야 하고, 오로지 들숨날숨이 닿는 코끝에다 마음을 두면서 관찰해야 한다.

이와 같이 수행자는 코끝이나 윗입술에 사띠를 확립하고 앉아서 들어왔거나 나간 들숨날숨을 마음에 잡도리하지 않는다. 하지만 들어왔거나 나간 들숨날숨이 수행자에게 알려지지 않는 것은 아니다.

○ ● ○

이 뜻은 주석서 『무애해도』에서 '톱의 비유'를 빌어 이렇게 풀이하고 있다. 편편한 땅 위에 놓인 나무는 사띠의 대상[표상]인 코끝 또는 윗입술이고, 들숨날숨은 톱니와 같다. 나무에 톱니를 닿게 함으로써 사띠가 확립된다. 그러나 다가오고 물러가는 다른 톱니들을 마음에 잡도리하지 않는다. 그러나 톱질을 하는 그 사람에게 오고 간 톱니들이 알려지지 않는 것은 아니라고.

호흡을 조정하거나 통제하지 않고, 들숨날숨을 따라가면서 호흡을 관찰하는 것만으로[隨觀, anupassanā], 수행자는 긴 호흡과 짧은 호흡을 자연스럽게 식별하게 된다. 또한 호흡의 거침과 섬세함도 느껴진다. 호흡은 마음을 실어 나르는 수레와 같아서 마음이 조급하고 불안하면 호흡도 빨라지고 편안하지 못하게 된다. 한편 몸의 조건인자인 호흡이 고요한 흐름에 들게 됨으로써 몸과 마음의 고요함을 되찾을 수 있다.

들숨날숨의 길고 짧음은 숨이 안팎으로 들고 남에 따라 윗입술 위나 콧구멍 주변을 접촉하는 시간의 장단(長短) 차이에 불과하다. 때때로 숨은 앉아있는 내내 길 수도 있고 때때로 짧을 수도 있지만, 의도적으로 길고 짧게 해서는 안 된다. 호흡이 길면 섬세하고 유연하며, 호흡이 짧으면 거칠어진다는 점을 알아차려야 한다. 예컨대 화가 났을 때는 호흡은 짧고 거칠다. 긴 호흡을 하면 몸은 이완되고 성냄은 사라진다. 비유컨대, 유능한 도자기선반공이나 도자기선반공의 도제가 길게 돌릴 때는 길게 돌린다고 분명히 알고, 짧게 돌릴 때는 짧게 돌린다고 분명히 알듯이, 들숨날숨이 더욱 더 미세하고 마음이 평온해질 때까지 거듭 반복한다.

첫 번째 두 개조(①↔②)에서는 단지 들이쉬고 내쉬어야만 한다. 여기서 '꿰뚫어 안다'라는 오로지 현재의 들숨날숨에 집중하라는 뜻이다.

첫 번째 ③단계에서 '몸(kāya)'은 호흡 그 자체를 나타낸다. 호흡이 육체의 조건이라는 점에서 호흡의 덩어리도 하나의 몸 덩어리로 본다. 다만 더욱 섬세하게 관찰하기 위해서 호흡의 몸과 육체의 몸으로 구별할 필요가 있다. 아나빠나사띠를 수행하는 자가 호흡이 거칠어지면 육체가 호전성을 띠고, 반면에 호흡이 섬세해지면 몸이 편안해지는 사실을 실제로 체험하게 된다.

여기서 '온 몸(호흡)을 경험하기'는 실제 수행에 있어서 연기적 관점에서 호흡과 육체의 관계뿐만 아니라 들숨날숨의 처음과 중간과 마지막을 파악하면서 몸 전체를 관찰하라는 뜻이다.

여기서 '공부 짓는다'라는 것은 수행자가 계(戒) · 정(定) · 혜(慧) 삼학(三學)을 실천하는 것을 말한다. 실제로 수행자는 호흡에 집중할 때 자신이 감각적 쾌락에 대한 욕망에 자제력을 갖고 있는지 숙고하여, 자제력을 행사할 때 계율을 위반할 수 없게 되고 계(戒)를 실행하게 된다.

나아가 수행자의 사띠가 호흡에 고정될 때 완전한 집중(定, samādhi)을 성취하게 되고, 또한 수행자가 사띠의 여러 대상들에 대하여 개별적 특징과 공상(共相)을 관찰할 때 그는 지혜 또는 통찰지를 가진다고 말할 수 있다.

흥미로운 것은 세 번째 단계에서 계정혜 삼학이 모두 계발되고 배양된다는 점이다. 특히 '공부 짓는다'라는 말이 ③단계에서 마지막 ⑯단계까지 계속, 반복해서 사용하고 있다.

주석서에서는 ③단계에서 마지막 ⑯단계까지에서 거듭, 반복적으로 '공부 짓는다'라고 정형구를 쓴 이유에 대하여, 지혜를 일으키는 것 등에 대해 노력, 정진을 하라는 뜻으로 설명하고 있다.

요약하면 '온 몸을 경험하면서·공부 짓는다.'라는 말은 호흡에 관련된 모든 것을 즉각적이고 세세하게 알아차려서 궁극적으로 상카라[saṇkhāra, 行]의 무상(無常)·고(苦)·무아(無我)를 깨달으라는 가르침이다.

첫 번째 ④단계에서 '몸의 작용[身行]'이란 들숨날숨을 뜻한다. 비록 이것은 마음에서 생긴 것이지만 그것의 존재가 몸에 묶여 있고 몸을 통해 형성되기 때문에 몸의 작용이라 부른다. 또한 여기서 '편안히 하면서'라는 뜻은 거친 숨의 작용을 편안하게 하면서, 멈추면서, 가라앉히면서 들이쉬고 내쉬라는 의미다. 수행자가 아나빠나사띠를 실행하지 못했을 때는 그의 몸과 마음은 불안하고 거칠다. 몸과 마음의 거친 상태가 가라앉지 않을 때에는 들숨날숨도 거칠다. 더 강하게 일어나서 코로 숨을 쉴 수가 없어서 입으로 숨을 쉬면서 머물 때가 있다.

그러나 수행자의 몸과 마음이 파악될 때 들숨날숨은 고요해지고 가라앉는다. 그들이 가라앉을 때 들숨날숨도 미세해지고, 나아가 들숨날숨이 있는지 없는지 조사해 봐야 할 상태에 이르게 된다.

다시 말하면, 수행자가 들숨과 날숨을 아직 관찰하지 못했을 때에는 '나는 몸의 거친 현상(들숨과 날숨)이 점점 고요해지고 있다.'라고 알아차리는 데 아무런 관심, 반응, 주의력, 반조가 없다. 그러나 일단 들숨과 날숨에 관심을 갖게 되면 관심, 반응, 주의력, 반조가 일어난다. 그래서 관찰할 때의 몸의 현상(들숨과 날숨)이 관찰하지 못했을 때에 비해서 미세해진다는 뜻이다.

○ ● ○

명상주제[호흡]를 마음에 잡도리하면 할수록 그에 비례하여 들숨날숨은 더 미세하고 더 고요해진다. 근접삼매보다는 본삼매에서 미세하고, 초선보다는 제2선, 제2선보다는 제3선에서 더욱 미세한데, 제4선에서 몸의 작용[身行]은 편안하게 된다.

여기에 이르기 위해서는 다음과 같은 수행법이 필요하다. 첫째, '나는 호흡을 고요히 하겠다.'라는 생각으로 호흡에 최초로 주의를 기울이고, 호흡을 알아차리고 호흡으로 마음을 돌린다[관심]. 둘째, '나는 호흡을 고요히 하겠다.'라는 생각으로 계속해서 마음을 호흡에 유지시킨다[반응]. 셋째, 문자적으로는 '호흡을 고요히 하겠다고 결심하는 것'이다[주의력]. 넷째, '나는 호흡을 고요히 하겠다.'라는 생각으로 호흡을 반조하고 마음에 분명하게 한다.

때로는 수행이 깊어질수록 미세한 숨마저 나타나지 않는 경우가 있다. 이와 같이 수행자의 들숨과 날숨은 처음에는 거칠다가 점점 미세해지고, 마지막에서 숨이 있는지 없는지조차 알아차리지 못하는 경우가 생긴다. 이 경우에 나의 명상주제가 사라져버렸다라고 생각하면서 명상을 끝내서는 아니 된다.

○ ● ○

『청정도론』에서는 그 해법을 이렇게 설명하고 있다. 수행자는 앉아있는 그 상태에서 평소에 숨이 닿는 곳, 즉 코끝의 장소로 마음을 가져가라고 설명한다. 나아가 마음을 가져가는 방법은 수행자로서 먼저 '이 들숨날숨은 어디에는 있고, 어디에는 없는가? 누구에게는 있고 누구에게는 없는가?'라고 숙고해야 한다. 그런 다음에 '이들은 모태 안에 있는 자들에게도 없고, 물에 빠진 자들에게도 없다. 마찬가지로 인식이 없는 중생들과 죽은 자들과 제4선에 든 자들과 색계와 무색계의 존재에 태어난 자들과 멸진정에 든 자들에게도 없다.'고 알아차린다. 끝으로 수행자는 스스로 자신을 경책해야 한다. '수행자여, 그대는 모태에 들어있는 자도 아니고 물에 빠진 것도 아니고, 인식이 없는 자도 아니고, 죽은 자도 아니다. 또한 제4선에 든 것도 아니고, 색계와 무색계에 태어난 것도 아니고, 멸진정에 든 것도 아니다. 그대에겐 반드시 들숨과 날

숨이 있다. 그대의 통찰지가 둔하기 때문에 파악을 못할 뿐이
다.'라고.

첫 번째 ④단계에서 필요한 모든 것은 '숨을 고요히 하겠다.' 결심
하고 끊임없이 숨에 깨어 있어야 한다. 이와 같이 수행한다면 숨은
점점 고요해지고 니미따(nimitta)는 떠오를 것이다. 니미따가 나타나
기 바로 전에 대부분의 수행자는 어려움을 겪는다. 대부분 숨이 미
세해지면서 분명하지 않게 된다. 이런 일이 발생하면 숨을 마지막
으로 기울였던 그 자리에서 깨어있음을 유지한 채 기다리면 된다.

숨이 고요해지고, 미세해지고 난 후에는 개념으로서 들숨날숨
에 대해 깨어 있어야 한다. 호흡의 개별적 특성(sabhāva lakkhaṇa), 일
반적 특성(sammañña lakkhaṇa) 또는 니미따의 색깔(집중의 표상)에 주의를
기울여서는 안 된다.

개별적 특성은 숨의 4대 요소인 단단하고, 거칠고, 움직이고,
따뜻하고, 지탱하고, 밀고나가는 성질 등이다. 일반적 특성은 무상
(無常)·고(苦)·무아(無我)의 성질이다. 이것은 '들이쉼-내쉼-무상' 또
는 '들이쉼-내쉼-괴로움' 또는 '들이쉼-내쉼-무아'라고 헤아려
서는 안 된다는 것을 의미한다. 단지 개념으로서 들숨날숨에 대해
깨어 있어야 한다.

여기서 개념[paññati ; 施設]은 '알게 하는 것'이라는 의미에서 '명칭, 개념, 서술, 술어, 용어' 등을 뜻한다. 중국에서는 '시설'로 번역하고 있다. 개념에는 두 가지가 있는데, 첫째는 뜻으로서의 개념[전자]이고, 둘째는 이름으로서의 개념[후자]이다. 예를 들면 네 발과 부드러운 털을 가지고 특정한 생김새와 특징이 있는 애완동물에 대한 인식은 '개'라는 뜻으로서의 개념[전자]이고, '개'라는 명칭은 그것에 상응하는 이름으로서의 개념[후자]이다. 또한 예컨대 땅, 산 등은 형태의 개념이고 집, 마을 등은 집단의 개념으로 전자에 속한다. 이와 같이 분류되는 것들은 비록 궁극적 실재로서는 존재하지 않지만 궁극적 실재의 그림자(정신작용에 의해서 구성된 인습적인 존재)로서 마음이 일어나는 대상이 된다. 반면에 물질, 느낌 등은 구경법이므로 진실한 개념이고 후자에 속한다.

－『아비담마 길라잡이(하)』 p.719 이하, 초기불전연구원

그러나 '아비담마' 전반에서는 별다른 설명이 없는 한 법(dhamma)은 구경법(paramattha), 혹은 궁극적 실재로 한정하여 모든 개념을 법의 영역에서 제외한다. '붓다고사' 스님은 자신의 본성(sabhāva ; 고유한 성질)을 지니고 있는 것을 법이라고 정의했다. '아비담마'에서는 법(dhamma)은 '더 이상 분해할 수

없는 최소단위'라고 정의한다. 그래서 이런 최소단위로서 하나의 마음(citta), 52가지 마음부수(cetasika), 18가지 물질(rūpa), 열반 등 모두 72가지를 들고 있다. 따라서 '아비담마'의 입장에서는 예컨대 사람, 동물, 산, 강, 컴퓨터 등은 우리가 개념지어 알고 있는 것으로 보아 법의 영역에 넣지 않는다.

–『아비담마 길라잡이(상)』 46쪽 이하, 초기불전연구원

필자가 아나빠나사띠를 시작하면서 최초로 부딪친 장애는 특성으로서의 들숨날숨과 개념으로서의 그것을 구별하지 못한 점이었다. 앞서 언급한『아비담마 길라잡이』라는 책을 읽고 그 의문을 풀 수 있었는데, 여기서 필자는 들숨날숨에 대한 사띠의 확립이 사마타 수행과 위빠사나 수행의 양(兩) 갈림길로 나누어지는 분기점임을 확인할 수 있었다. 구체적으로 언급하면, 개념으로서 들숨날숨에 대한 사띠빠타나는 근접삼매 또는 본삼매로 연결되고, 들숨날숨의 일반적 특성에 대한 사띠빠타나는 위빠사나 수행으로 연결된다는 것을 깨치게 되었다.

들숨날숨은 개념이고, 궁극적 실재는 사대(四大)의 한 요소인 풍(風), 즉 물질이다. 개념으로서의 들숨날숨은 테라와다(상좌부)에서 전승되는 40가지 명상 주제 중의 하나일 뿐이다. 개념으로서의 들숨날숨에 사띠하는 것은 본삼매[心解脫]를 증득하기 위한 것일 뿐이고, 여기서 출정하여 일반적 특성으로서의 들숨날숨을 수관[隨觀,

anupassanā]하는 것이 위빠사나 수행의 첫걸음이다.

　필자가 사띠빠타나 수행을 하지 않았다면 눈을 통해 보이는 대상이나 귀를 통해 듣는 소리를 물질(色, rūpa)로 알지 못하고, 종전과 같이 저것은 여인의 아름다운 얼굴 또는 여인의 아름다운 목소리로 인식하였을 것이다. 그러나 사띠빠타나 수행을 개발한 이후에는 개념이 아닌 궁극적 실재만을 사띠의 대상으로 삼는다. 쉽게 말하면, 길거리를 걷다가 우연히 마주친 여인을 보고 그 인상이나 특상을 취해 미녀(美女)라는 생각을 떠올리는 것이 아니라, '저건 오온(五蘊)이구나.'라고 해체해서 법(담마)을 보는 마음의 눈이 생겼다는 뜻이다. 그런데 우리는 일상생활을 하면서 육문(六門)을 통해 경험하는 사람·사물·사건을 개념으로 취급하지 않고 사회생활을 해 나갈 수는 없다. 예컨대, 사람을 생각하지 않고 그에게 자애, 연민같이 기뻐함의 아름다운 마음을 개발할 수 없는 것이기에 개념의 유용성은 일상적인 삶의 필요충분조건이라 할 수 있다.

　그러나 우리가 개념에 집착하여 개념이 실제로 존재하고 영원한 사물 또는 자아라고 간주하게 된다면 여실지견을 얻을 수 없다. 사랑하는 사람과 헤어졌을 때, 사람들은 사랑하는 사람에 대한 기억, 이미지, 또는 환영 때문에 슬픈 감정을 갖게 되나, 그것은 조건적 발생의 법칙에 의해 일어나는 것임을 알고 보게 된다면, 그 느낌에 집착하지 않게 된다. 이와 같은 앎과 봄[知見]의 경지에 도달하기 위해서 사띠빠타나 수행이 필요한 것이다.

이와 같이 수행한다면 숨은 점점 고요해지고 마음의 눈에 의해 보이는 표상, 즉 니미따(nimitta)가 떠오를 것이다. 이것은 마음이 만들어낸 영상으로 호흡명상의 준비단계에서 대상으로 취해진 표상[코끝]과는 명확히 다르다. 니미따는 지각 때문에 수행자마다 다르게 나타난다. 수행자 각자에게 나타난 니미따의 모양이나 색깔이 무엇이든 간에, 또는 들숨날숨의 지각이 무엇이든 간에 니미따에 주의를 돌리지 않는 것이 중요하다. 그대로 내버려 두어야 한다. 의도적으로 모양이나 형상을 바꾸려고 하지 않는다. 만약 그렇게 바꾸려고 한다면 집중은 더 이상 발전하지 않을 것이고, 진보는 멈추고, 니미따는 아마도 사라질 것이다. 그래서 니미따가 처음 떠올랐을 때 집중을 호흡에서 니미따로 옮기지 않는다. 만약 옮긴다면 니미따는 사라지기 때문이다.

니미따가 안정되고 마음이 스스로 고정될 때에도 마음을 그대로 유지해야 한다. 마음을 억지로 거기에서 떠나게 할 때는 아마도 집중을 잃게 될 것이다. 니미따가 호흡이 접촉하는 바로 그곳에 떠오르고, 안정되며, 호흡 그 자체처럼 나타나고, 호흡도 니미따처럼 나타나면 호흡을 잊고 단지 니미따에 깨어있어도 된다. 이렇게 마음을 호흡에서 니미따로 옮김으로써 진보를 이루게 된다.

니미따에 마음을 계속 유지한다면, 니미따가 목화솜처럼 하얗게 될 때가 '욱가하 니미따(uggaha-nimitta, 익힌 표상)'이다. 이것은 산뜻하지 않고 흐릿하다. 니미따가 수행자에게 나타나자마자 장애들이

억압되고 오염원들은 가라앉고 사띠가 확립되고 마음은 근접삼매
에 든다고 주석서에서 설명하고 있다. 그러나 이때에 나타난 색깔
로 그 표상을 마음에 잡도리하거나 특징으로 반조해서도 안 된다고
경책한다.

　근접삼매에서는 선정의 5요소가 완전히 개발되지 않는다. 근
접삼매에서는 바왕가●11)가 여전히 일어나고, 바왕가에 떨어질 수
도 있다. 초발심수행자는 이것을 구별할 충분한 능력이 없기 때문
에 바왕가에 떨어짐을 피하고 더 나아가기 위해서는 5가지 조절기
능이 필요하다.

　여기서 사띠의 확립이 다음과 같은 여러 가지 역할을 수행하는
것을 확인할 수 있다. 사띠는 과도한 믿음, 정정진, 지혜로 마음이
동요되는 것을 보호하고, 과도한 삼매로 마음이 게으름에 떨어지
게 되는 것을 보호하는 기능을 수행함으로써 믿음과 지혜, 삼매와
정진, 그리고 삼매와 지혜의 세 가지 균형을 잡는다.

　다시 말하면, 삼보(三寶)에 대한 믿음, 업(業)에 대한 믿음, 인과(因
果)에 대한 믿음이 앞서야 한다. 만일 믿음이 없다면 명상 수행은 퇴
보할 수밖에 없다. 만일 수행자가 오로지 들숨과 날숨만을 사띠해
서 실제로 선정을 얻지 못할 수도 있다는 의심을 갖게 된다면 사마
타의 개발은 불가능하다고 본다. 따라서 아나빠나사띠 수행으로
삼매를 개발하겠다는 강한 믿음이 있어야 한다. 필자는 이 굳센 믿
음으로 호흡관법을 익히게 되었다.

한편 '니미따' 명상에 대한 믿음이 지나치면 삼매는 오히려 퇴보할 수도 있다. 왜냐하면 지나친 믿음[盲信]은 지나친 기쁨을 불러오고, 그것은 마음을 동요하게 만들기 때문이다. 그 결과 수행자의 마음은 기쁨에 가득 찬 흥분으로 혼란스럽게 되어서 '니미따'를 바르게 이해할 수 있는 지혜가 생겨나는 것을 방해한다. 다시 말하면, 과도한 믿음이 대상을 결정하기 때문에 지혜는 분명하지 않게 되고, 나머지 정진과 삼매의 기능 또한 약해진다. 그리고 과도한 정진은 마음이 '니미따'에 고요히 집중하지 못하게 할 수도 있다. '소나' 존자의 경우가 좋은 예이다.

'소나 꼴리워사' 존자는 「소나 경(A6:55)」에 나오는 인물이다. 출가하여 부처님께 명상주제를 받아 왕사성 근처의 숲에 머물면서 공부를 했으나, 다른 성스러운 제자들과 같이 취착을 없애고 번뇌들로부터 마음이 해탈하지 못하였다. 그래서 출가수행을 단념하고 재가자의 삶으로 되돌아가서 재물을 즐기고 공덕을 짓겠다고 생각했다.

∘ • ∘

세존께서 이 사실을 신통력으로 알고, '소나' 존자 앞에 나타나서 그가 전에 재가자였을 때 류트[彈琴]의 활줄, 즉 거문고 타기에 능숙했던 경험을 끄집어내서 류트의 활줄이 지나치게 팽팽하거나 또는 지나치게 느슨한 경우에 그대의 류트의 선율이 아름답고 연주하기에 적합하게 되었는가를 물었다.

'소나' 존자가 '그렇지 않다.'고 대답했다. 세존께서 "소나여, 그대의 류트의 활줄이 지나치게 팽팽하지도 않고 지나치게 느슨하지도 않고 적당한 음계(音階)에 맞추어졌을 때 그대의 류트는 그 때 선율이 아름답고 연주하기에 적합하다. 이와 같이 지나치게 열심인 정진은 들뜸으로 인도하고 지나치게 느슨한 정신은 나태함으로 인도한다. 소나여, 그러함으로 그대는 정진을 고르게 유지해야 한다. 다섯 가지 기능[五根]의 균등함에 확고해야 하고 거기서 표상을 취해야 한다."라고 가르치셨다.

믿음·노력·사띠·집중·지혜의 5가지 조절능력이 충분히 개발되면 삼매는 근접삼매를 넘어서 본삼매(선정)로 들어간다. 니미따가 새벽별처럼 빛나고 찬란하고 반짝일 때가 '빠띠바가 니미따(patibhāga-nimitta, 닮은 표상)'이다. 마음이 이 닮은 표상을 토대로 하여 완전하게 집중될 때 선정(禪定), 즉 본삼매를 성취한다. 선정에 도달하면 마음은 끊어지지 않고 빠띠바가 니미따에 고정된다. 이 상태는 수 시간 또는 밤새 동안 심지어 온 종일 지속될 수도 있다.

필자는 아나빠나사띠를 수행하기에 앞서 신심을 북돋고 집중력을 키우기 위해서 매일 아침에 부처님의 10대 명호를 암송하고, 부처님의 무량공덕을 회상하면서 부처님을 계속해서 생각한다[佛隨念]. 약 10여 분 정도 지나면 법열(法悅)이 일어나는데, 토굴에 모신 조그만 목

불 주위에 황금색 광명이 일어나는 것을 눈으로 확인한다. 필자는 이 것을 집중된 마음이 만든 표상, '니미따'로 이해한다. 이 단계가 근접 삼매 또는 거기에 가까워 진 것이라고 생각하고 있다.

그런 연후에 아나빠나사띠 수행에 들어가서 '니미따'가 나타날 때까지 사마타 수행을 하는데, 대략 20분 정도 지나면 '니미따'가 눈 앞에 나타난다. 필자에게 나타난 그 '니미따'는 처음에는 하얀 목화 솜에서 가느다란 실다발이 쉴 새 없이 위에서 아래로 쏟아지는 모습 일 때도 있고, 혹은 황금색 솜뭉치와 같은 모습을 띨 때도 있다. 여기 서 필자는 선정의 세 번째 요소인 희열과 네 번째 요소인 행복을 느 끼고 번뇌가 억압되고 마음이 집중된 상태에 있음을 깨닫게 된다.

○ ● ○

'아나빠나 니미따'는 어디에서 나옵니까? 무엇이 니미따를 나타나게 합니까? 이 질문에 대하여 주석서에서 이렇게 답변 한다. 심장토대에 의존해서 일어나는 대부분의 마음 상태는 호흡을 불러일으키며 이 호흡으로부터 실재의 아나빠나 니 미따가 나온다.

혹자(或者)는 그 니미따를 '색깔 있는 숨'으로 표현하기도 하나, 아비 담마에서는 그 숨은 마음에서 생긴 물질로 이해한다. 하지만 모든 마음 상태가 니미따를 생성하는 것은 아니다. 오직 집중된 마음만

이 니미따를 생성한다. 집중 때문에 니미따가 일어나지만 아나빠나 니미따로 분류할 수 없다. 그 니미따가 선정을 가져온다면 아나빠나 니미따이지만, 니미따가 선정(본삼매)을 가져오지 않는다면 실재 아나빠나 니미따가 아니다. 그런 니미따에는 집중을 한다 해도 선정은 일어나지 않으며 집중 또한 강화되지 않는다.

아나빠나사띠를 수행할 때 호흡을 아는 것이 지혜이다. 호흡에 대해 알아차리고 새기는 것이 사띠이고, 호흡에 일념을 이루는 것이 삼매이다. 호흡을 분명히 알고자 노력하는 것이 정진이고, 아나빠나사띠로 선정을 이룬다고 믿는 것이 믿음이다.

요약하면, 첫 번째 네 개조를 수행하는 방법은 몸에서 몸을 관찰하는 사띠를 확립하는 수행이라 부른다. 그 이유는 몸의 작용[身行]을 편안히 하는 들숨과 날숨은 몸이고, 확립은 사띠이고, 관찰은 지혜이기 때문이다.

『청정도론』에서는 첫 번째 네 개조의 명상주제를 마음에 잡도리하는 방법으로 헤아림, 연결, 닿음, 안주함, 주시, 환멸(還滅), 두루 청정함, 그들을 되돌아봄의 8단계를 제시하고 있다.●12)

여기까지 필자가 이야기한 수행방법은 『청정도론』에서 말하는 여덟 가지 방법 가운데 네 번째 안주함(본삼매)까지이다. 다음에는 위빠사나 명상에 대해 이야기해 보겠다.

호흡은 마음 상태를 반영한다. 마음이 평화롭고 조용하면 호흡은 규칙적이고 점잖다.

그러나 마음속에 성냄, 질투, 공포와 같은 해로운 마음부수가 일어나면

호흡은 보다 더 거칠어지고 무겁고 빨라진다.

이렇게 내 안의 호흡은 자신의 마음상태를 점검하게 하는 지표가 되고

자기로 하여금 그 마음상태를 잘 다룰 수 있게 한다.

호흡[몸]에 대한 위빠사나 [身隨觀]

'첫 번째 네 개조를 수행하는 방법'은 아나빠나사띠로 근접삼매 또는 본삼매를 얻게 하는 데 중간목적이 있다. 여기서 수행자가 원한다면, 삼매 상태에서 출정하여 호흡[몸]에 대한 위빠사나 명상[身隨觀]으로 나아갈 수 있다.

혹자(或者)는 수행자가 아나빠나사띠로 사선정에 도달했고, 5가지 자유 자재함을 숙달했을 때, 그리고 삼매로 인해 일어난 빛이 밝게 빛날 때, 호흡[몸]에 대한 위빠사나 명상으로 나아갈 수 있다고 말한다. 그러나 주석서에서는 위빠사나 명상은 찰나삼매, 근접삼매에서도 행할 수 있다고 설하였고, 필자 역시 근접삼매 상태에서 위빠사나 명상을 해 본 경험이 있다.

남방불교에서는 위빠사나를 성취하기 위한 두 가지 다른 길을 가르친다. 첫째는 사마타의 길(samatha-yāna)이라 부르는데, 위빠사나를 개발하기 위한 토대가 된다. 둘째는 순수한 위빠사나의 길이다.

첫 번째의 길은 근접삼매와 본삼매에 이르기 위한 사마타 수행이다. 필자와 마찬가지로, 사마타의 길을 따르는 수행자는 먼저 근접삼매나 색계의 4선 또는 무색계의 4선을 증득한 뒤 선(禪)에서 일어나는 정신과 물질적 현상을 정신·물질[名色]로 정의하고, 과거와 미래로부터 분리되어 있는 것으로 조건에 의지하여 존재하는 것으로 관찰한다.

　다시 말하면, 삼매로부터 출정하여 들숨날숨은 물질[色]로 된 몸과 마음이 그 원인이라고 관찰한다. 비록 들숨날숨이 마음에서 생겼지만 몸이 없이는 일어나지 않기 때문에 몸과 마음을 조건으로 들숨날숨이 있다고 관찰하는 것이다. 그 다음에 들숨날숨과 몸은 물질[色]이고 마음과 사띠 등을 포함한 아름다운 마음부수들은 정신[名]이라 구분한다. 이와 같이 정신과 물질을 구분하고[見淸淨, diṭṭhi visuddhi] 그 정신과 물질의 조건을 파악함으로써 삼세(三世)에 대한 의심을 극복하고 지혜를 확립해 나간다.『청정도론』에서는 이를 일컬어 일곱 가지 청정 가운데 네 번째 청정인 '의심을 여읜 청정'이라 한다[度疑淸淨, kaṅkhāvitaraṇa visuddhi].

　이것은 수행과정에서 현재의 나, 즉 경험적 자아를 구성하고 있는 정신·물질이 우연히 생긴 것도 아니며, 어떤 가상적 원인에 의해서 생긴 것도 아니고, 더구나 신(神)이 창조한 것은 더욱 아니다. 힌마디로 전생(前生)의 무명, 갈애, 취착, 업(業)에 의해서 생긴 것이라는 연기법을 깨닫는 수행이라 말할 수 있다.

　『청정도론』에서는 나를 구성하는 오온(五蘊), 즉 정신과 물질의 원인과 조건을 정확히 파악하여 모든 의심이 없어지면 그를 작은 수다원(cūla-sotāpanna)이라고 부른다. 또한 깔라빠(kalāpa)●13)에 대한 명상이 위빠사나의 시작이라고 설명하고 있다.

　필자는 지나간 것은 이미 사라졌고, 또한 미래는 아직 오직 않았으므로 현재 내 몸 안에서 일어나는 호흡 상태를 그때그때 관찰하고 있다. 과거의 기억이나 경험을 되새기는 것이야말로 과거의 갈애(taṇhā)나 갈애와 관련된 견해(taṇhādiṭṭhi) 때문에 머무르게 되고 가라앉거나 애쓰고 휩쓸리는 단초가 되고, 또한 오지 않는 미래를 생각하는 것은 들뜸, 불안 등을 가져오므로 오로지 현재 내 몸[色身] 안의 호흡을 관찰한다.

예를 들면 호흡집중을 통해 나타난 색깔이 있는 숨은 니미따(nimitta)로 알고 이런 숨은 마음에서 생긴 물질이고, 이 숨을 더욱 분석해 나가서 아주 작은 입자[微粒子]라고 확인한다. 빠알리 어로 '깔라빠'라고 부르고 있는 이 숨은, 노벨 물리학상을 받은 미국의 어느 물리학자의 오랜 연구와 실험을 통해 발견된 미립자, 즉 우주를 형성하고 있는 근본물질인 미립자와 동일한 것이라고 불교심리학자들은 보고 있다.

호흡관법의 또 다른 이유는 탐욕과 성냄, 그리고 무지로부터 자유롭기 위해서이다. 호흡은 마음 상태를 반영한다. 마음이 평화롭고 조용하면 호흡은 규칙적이고 점잖다. 그러나 마음속에 성냄, 질투, 공포와 같은 해로운 마음부수가 일어나면 호흡은 보다 더 거칠어지고 무겁고 빨라진다. 이렇게 내 안의 호흡은 자신의 마음상태를 점검하게 하는 지표가 되고 자기로 하여금 그 마음상태를 잘 다룰 수 있게 한다.

마음이 호흡에 완전히 집중되는 순간 마음은 탐욕·혐오·무지로부터 자유롭다. 아름다운 마음부수가 비록 짧은 순간이라 할지라도 이것은 매우 강력하게 일어난다. 왜 그러냐 하면 과거의 모든 습관, 조건 지어진 것들에 대한 도전이기 때문이다.

　호흡관법이 순풍에 돛을 단 듯 순조롭게 명상의 바다를 여행하는 것만은 아니다. 빛과 그림자가 함께 하듯, 지금까지의 삶의 과정에서 축적된 조건 지어진 인습(因習)은 그것이 신체적이든 정신적이든 다양한 형태로 솟아나 깨달음으로 향하는 노력들을 방해한다. 혹은 수행의 진보에 대한 갈망, 진전이 더디기 때문에 오는 압박과 짜증으로 인하여 생겨나는 혐오감 등을 경험할지도 모른다. 종종 좌선하기 위해 앉자마자 꾸벅꾸벅 졸거나 정신이 아주 혼미할 수도 있다. 대부분의 초심 수행자들이 겪는 졸음이나 혼침을 어떻게 극복해야 하는지를 부처님께서 이렇게 설하시고 계시다.

○ ● ○

목갈라나 존자가 마가다의 깔라왈라뭇따 마을에서 졸면서 앉아 있었다. 세존께서 청정하고 인간을 넘어선 신성한 눈(天眼)으로 이를 보셨다. 세존께서 신통력으로 존자 앞에 나타나서 존자에게 이렇게 말씀하셨다. "목갈라나여, 그대는 졸고 있지 않는가?" "그렇습니다. 세존이시여."
세존께서는 다음의 아홉 가지 방법을 순차적으로 말씀하셨다. ① 어떤 인식을 가져서 머물 때 혼침이 생기면 그런 인식을 그대는 가지지 말라. ② 그런 인식을 많이 공부 짓지 말라.
③ (만일 그대가 이와 같이 머물러도 혼침이 제거되지 않으면) 그대는 들
은 대로 배운 대로 법을 사유하고 고찰하고 마음으로 숙고해
야 한다. ④ (…)들은 대로, 배운 대로 법을 자세하게 독송해
야 한다. ⑤ (…) 두 귓불을 잡아당기고 손으로 사지를 문질러
야 한다. ⑥ (…) 자리에서 일어나 물로 눈을 씻고는 사방을
둘러보고, 별자리와 별들을 쳐다보아야 한다. ⑦ (…) 광명상
(光明想)을 마음에 잡도리하여 마음을 밝게 만들어야 한다. ⑧
(…) 감각기능들을 안으로 돌이켜 마음이 밖으로 향하지 않
도록 한 채, 앞과 뒤를 똑바로 인식하면서 경행에 마음을 확
고히 해야 한다. ⑨ (…) 언제 일어날 것이라는 인식을 마음에
잡도리한 채 사띠와 삼빠잔냐[正念·正知]하면서 발로써 발을
포개고 오른쪽 옆구리로 사자처럼 누워도 된다. 그리고 다시
깨어나면 나는 드러눕는 즐거움이나, 기대는 즐거움이나, 자
는 즐거움에 빠지지 않으리라고 생각하며 빨리 자리에서 일
어나야 한다.

-「졸고 있음 경(AN 7:58」

필자의 체험에 의하면, 사나흘 동안 열심히 호흡관법을 하다가, 때
때로 초조한 나머지, 수행을 피할 변명을 찾거나 친구들을 만나서
세상 이야기에 관심을 돌리는 경우도 더러 있었다. 이럴 때마다 이

런 방해꾼들이 호흡관법의 성공에 대한 반작용으로 일어난다는 것으로 이해하고 조금만 더 참고 견디어 나감으로써 성공적인 수행으로 나아갔다.

요약하면, 숨은 깔라빠(물질)이고, 숨 자체도 (빠르기도 하고 느리기도 하고, 거칠기도 하고 미세하기도 하고, 무겁기도 하고 가볍기도 하다는 관점에서 늘 변하고 있으므로) '무상하고, 또 쉴 새 없이 변해 두렵다는 뜻에서 괴로움이고, 실체가 없다는 뜻에서 무아'라고 찰나를 통해 숨의 세 가지 특상을 명상한다. 그 다음에 조건과 순간(찰나)을 통해 생멸의 지혜로써 그 숨(상카라)이 일어나고 멸하는 것을 명상한다.

두 번째의 길은 순수한 위빠사나의 길이다. 여기서는 위빠사나를 위한 토대로서 사마타를 채택하지 않는다. 수행자는 계(戒)청정을 이룬 후, 자기 자신 안에서 벌어지는 정신과 물질의 변화에 대한 수관(隨觀, 계속해서 생각함)으로 바로 들어간다. 이런 수관이 힘과 정확함을 얻게 되면 마음은 다섯 가지 장애에 의해 억압되지 않고 마치 본삼매에 든 것처럼 정신과 물질에 대한 매순간의 마음집중이 일어나는데, 이를 찰나삼매(khanika-samādhi)라 부른다.

『청정도론』에서는 이런 위빠사나만을 닦는 자를 '선(禪)의 습기'가 없이 위빠사나를 닦는다고 해서 '마른 위빠사나를 닦는 자'라고 부른다. 이 수행법은 초심자에게 적합한 수행방법이다.

이와 같은 두 가지 방법으로, 필자는 몸[숨쉬기, 몸의 사대 요소 등]에 대해 몸을 안으로 관찰하거나, 몸에 대해 몸을 밖으로 관찰하거나,

몸에 대해 몸을 안팎으로 관찰한다. 또는 몸에 대해 생성의 현상을 관찰하거나, 몸에 대해 소멸의 현상을 관찰하거나, 몸에 대해 생성과 소멸의 현상을 관찰한다.

단지 수행자에게 순수한 앎과 순수한 사띠만이 있는 정도만큼 '몸이 있다'라고 하는 사띠가 이루어진다. 수행자들은 세상[몸]의 어느 것에도 의존하지 않고 세상의 어느 것에도 집착하지 않는다. 다시 말하면 물질[숨]을 자아로 여기지 않고, 자아가 물질을 소유하는 것으로 여기지 않고, 자아 가운데 물질이 있다고 여기지 않고, 물질 가운데 자아가 있다고 여기지 않는 경지에 도달한다.

호흡관법과 관련하여, 초기경전에 실린 세존의 게송(偈頌)은 이렇다.

○ ● ○

과거로 거슬러 올라가지 말고 미래를 바라지도 말라.

과거는 이미 버려졌고 또한 미래는 아직 오지 않았다.

그러므로 현재 일어나는 상태를 그때그때 잘 관찰하라.

정복되지 않고 흔들림이 없도록 그것을 알고 수행하라.

오늘 해야 할 일에 열중해야지 내일 죽을지 어떻게 알 것인가?

대군을 거느린 죽음의 신, 그에게 결코 굴복하지 말라.

이와 같이 열심히 밤낮으로 피곤을 모르고 수행하는 자는

한 밤의 슬기로운 님, 고요한 해탈의 님이라 불리리.

-「한 밤의 슬기로운 님의 경(MN 131)」

필자는 초기경전을 통해 부처님의 가르침을 만난 것을 이루 말할 수 없는 복이라 생각한다. 비록 금생에서 도와 과의 열반을 성취하지 못한다손 치더라도, 부처님의 호흡법에 대한 공부가 저 해탈, 열반으로 가는 확고한 발판이라고 믿고 있다. 그런 까닭에 위대한 스승[天人師], 부처님에 대한 나의 믿음은 더욱 깊어졌고, 이것은 필자로 하여금 생사의 두려운 저 고해바다를 건너는 튼튼한 배가 되어 줄 것으로 확신한다.

두 번째 네 개조를 수행하는 방법

표상[빠띠바가 니미따]이 나타나자마자 다섯 가지 장애[五蓋 ; 번뇌]가 억압되고 오염원들은 가라앉고 사띠가 확립되어 마음은 삼매에 든다. 이때 수행자는 마치 사막을 여행하는 나그네가 오아시스를 만난 것처럼 법열(法悅), 즉 기쁨이 샘솟는 것을 알아차리게 된다. 이 기쁨(희열)이 선정의 다섯 요소 중 세 번째 인자이다.

아나빠나사띠, 즉 호흡관법을 통해 얻어지는 선정의 5요소는 다음과 같다.

①첫 번째 일으킨 생각(尋 ; vitakka)이란 빠띠바가 니미따에 마음을 향하게 한다는 뜻이다. 이 마음부수[心所]는 마음을 대상을 향하여 기울이는 특징을 가진다.

②두 번째 지속적인 고찰(伺, vicāra)이란 빠띠바가 니미따에 마음을 유지시킨다는 뜻이다. 이 마음부수는 대상을 계속해서 문지르는 특징을 가진다. 예컨대, 첫 번째 요소는 날기를 원하는 새가 날개를 치는 것과 같고, 두 번째 요소는 허공을 나는 새가 날개를 펴서 계속해서 날아가는 것과 같다고 이해하면 된다.

③세 번째 희열(piti)이란 빠띠바가 니미따를 좋아한다는 뜻이다. 이 마음부수는 대상[표상]을 얻음에 대한 만족[行蘊]을 나타낸다.

④네 번째 행복(sukha)이란 빠띠바가 니미따를 경험할 때 느끼는 행복감을 뜻한다. 이 마음부수는 대상을 얻어서 정신적으로 즐기는 것[受蘊]을 나타낸다.

⑤다섯 번째 심일경성[心一傾性, ekaggatā]이란 빠띠바가 니미따에 일념을 이룬 마음부수를 뜻한다. 이와 같은 선정의 5가지 요소들을 모두 갖추어야만 선정이라 한다. 선정에 들기 시작한 사람은 선정에 오랫동안 들어있는 것을 수행해야지 선정의 요소를 구분하는 데 시간을 너무 소비해서는 안 된다.

두 번째 ⑤단계에서 '희열을 경험하면서'라는 말은 두 가지 의미가 있다. 초선과 제2선의 요소인 희열을 입선(入禪)함으로써 경험한다는 것이 그 하나이고, 희열이 있는 두 선(禪)에 들었다가 출정하여 선(禪)과 함께 한 희열이 파괴되기 마련이고 사라지기 마련이라고 명상(위빠사나)하는 순간에 잊어버리지 않음을 통해서 희열을 경험한다는 것이 그 둘이다.

희열에도 일종의 흥분과 동요가 뒤따른다. '희열이 얼마나 강한가? 희열은 무거운가, 혹은 가벼운가? 어느 정도 거칠거나 섬세한가? 희열은 마음과 생각에 어떤 영향을 미치는가?' 등에 대해 계속해서 관찰하면 희열은 그 힘을 잃고 그 순간 희열은 가라앉아서 행복으로 변한다. 마치 사막의 여행자가 오아시스를 찾아 물 한 모금을 마셔서 갈증을 해소한 후 나무 그늘에 앉아서 쉬면서 느끼는 행복감과 같은 것이다.

두 번째 ⑥단계에서 '행복을 경험하면서'라는 말은 두 가지 의미가 있다. 초선과 제2, 3선의 요소인 행복을 입선(入禪)함으로써 경험한다는 것이 그 하나이고, 행복이 있는 세 가지 선(禪)에 들었다가 출정하여 선(禪)과 함께 한 희열이 파괴되기 마련이고 사라지기 마련이라고 명상(위빠사나)하는 순간에 잊어버리지 않음을 통해서 행복을 경험한다는 것이 그 둘이다.

여기서의 행복은 육체적 행복감이 아니라 오직 마음에서 경험되는 행복을 뜻한다. 아나빠나사띠 수행이 선정과 지혜 계발로 연결되는 징검다리 역할을 한다고 보는 이유는 사띠가 두 가지 방식으로 대상(명상주제)을 관찰하는 수단으로 사용되기 때문이다. 첫째로 사띠를 통해 그 대상이 하나의 표상으로 관찰되고 그 결과 마음의 전일(專一)이 이루어진다. 둘째로 그 명상주제의 특성이 무상·고·무아라는 것을 통찰함에 의해 대상에 대한 집중이 이루어지고 그 결과 통찰 지혜가 생겨난다.

두 번째 ⑦단계에서 '마음의 작용[心行, citta-saṅkhāra]'이라는 말은 인식[想]과 느낌[受]을 의미한다. 상수(想受)는 마음부수로서 마음[心]을 조작하거나 조건화하기 때문에 마음의 작용이라 부른다. 느낌의 발생과 함께 인식이 발생한다. 인식[想, saññā]에는 두 가지 측면이 있다. 그 하나는 어떤 종류의 느낌인지에 대하여 지각하고 주시하는 알아차림이고[전자], 그 둘은 그렇게 지각하고 나서 그 느낌을 집착과 함께 '나의 느낌'으로 잘못 이해하는 측면이다[후자]. 전자는 아직 의도, 형성을 포함하고 있지 않으므로 유익한 것도 해로운 것도 아니라서 업(業)과 무관하다. 후자는 어리석음에 그 뿌리가 있으므로 해로운 마음부수로서 번뇌의 일종이다. 그것은 어떤 업을 짓게 한다. 여기에 대한 보다 상세한 설명은 뒤에 나오는 '느낌에 대한 사띠[受念處]'에서 이어지고 있다. 과거의 인식과 느낌도 '바왕가'에 저장되어 있다가 육근과 육경이 접촉할 때 마음의 조건인자로 작용한다.

요약하면, 마음의 조건인자로 작용하는 것은 인식과 연결된 느낌 또는 느낌과 연결된 인식뿐이다. 느낌은 일어나지만 그것이 인식을 조건 짓지 않으면 결국 그 느낌은 마음을 조건 짓지 않아서 의업(意業, mano-kammma)을 낳지 않는다.

느낌은 두 번째 ⑤단계에서 희열의 형태로 관찰되지만, 두 번째 ⑦단계에서는 먼저 어떻게 인식을 조건 짓는지를 주시하고, 다음에 느낌과 인식이 마음을 조건 짓게 되는 흐름을 철저히 관찰한다. 감각느낌은 감정이나 마음의 작용과 연결되어 있다.

초기경전에서는 탐착[貪]은 즐거운 느낌에서 비롯되며, 회피나 성냄[瞋]은 불쾌한 느낌에 연결되고, 어리석음[痴]은 즐겁지도 않고 불쾌하지도 않는 느낌[捨]에 생긴다고 설한다. 어리석은 범부는 느낌에 대해서 취함과 버림의 선택을 한다. 즐거움에 대해서는 애착과 집착을, 불쾌감에 대해서는 혐오감을 느끼고 피하고자 한다. 즐겁지도 않고 불쾌하지도 않는 느낌에 대해서는 어떤 것도 선택할 수 없음에 무기력과 좌절을 느낀다. 범부중생들은 느낌이라는 주관적인 현상을 자신과 동일시함으로써 현상을 존재하는 그대로 관찰하지 못하고 그 느낌의 격류에 휩쓸리거나 저항한다. 이것이 고통 발생의 서막(序幕)이자 조건이 된다.

두 번째 ⑧단계에서 '마음의 작용을 편안하게(고요하게) 하면서'라는 말은 마음의 조건인자들인 상수(想受)를 고요하게 한다는 의미이다. 거친 호흡이 점차 고요해짐에 따라 그에 비례하여 인식(지각)과 느낌의 힘도 점차 고요해지는데, 만일 인식과 느낌의 힘에 압도당하여 어떤 종류의 사유와 숙고[尋伺]에 빠져있다면 다시 호흡으로 돌아가 호흡을 고요하게 하는 것에 의지해야 한다. 느낌이 영원하고[常], 즐겁고[樂], 자성이 있다[我]는 인식을 놓아버리는 통찰지가 생겨나면, 마음의 작용은 저절로 고요하게 될 것이다.

「출입식념경(MN118)」의 주석에 의하면, 초선과 제3선과 같은 낮은 단계의 선정에서 집중[止]의 양상으로서 마음의 작용을 체험하고 나서, 여기에서 출정하여 제4선을 포함하는 제3선에서는 그것들[常·樂·我]마저 부수어야 할 대상으로 파악하는 통찰[觀] 지혜가 생겨나서 마음의 작용은 고요한 상태에 놓이게 된다고 설하고 있다.

세 번째 네 개조를 수행하는 방법

「출입식념경(MN118)」의 주석에 의하면, 세 번째 ⑨단계에서 '마음을 경험하면서'라는 말은 네 가지 선(禪)들로 마음을 경험한다는 의미이고, 세 번째 ⑩단계에서 '마음을 기쁘게 하면서(法悅)'라는 말은 희열을 포함한 두 가지의 선정과 관련된 것으로, 마음을 반갑게 하면서, 기쁘게 하면서, 활기차게 하면서, 유쾌하게 하면서, '들이쉬리라, 내쉬리라.'고 공부 짓는다는 의미이다.

즉, 희열이 있는 두 가지 선(禪)에 들어가서 마음을 기쁘게 하고 나서, 출정하여 선(禪)과 함께 한 희열이 파괴되기 마련이고 사그라지기 마련이라고 명상[觀]한다.

세 번째 ⑪단계에서 '마음을 집중하면서'라는 말은 선정에 들어가 마음을 고르게 놓고 나서, 출정하여 선(禪)과 함께 한 희열이 파괴되기 마련이고 사그라지기 마련이라고 명상[觀]할 때, 즉 그 위빠사나를 하는 순간에 상카라[有爲法]의 세 가지 특상을 통찰하는 것을 통해 순간적으로 마음의 하나가 되는, 찰나삼매가 일어난다는 의미다.

세 번째 ⑫단계에서 '마음을 해탈케 하면서'라는 말은 초선을 통해 장애들로부터 마음을 벗어나게 하고 해탈케 하면서, 제2선을 통해 일으킨 생각[尋]과 지속적인 고찰[伺]로부터, 제3선을 통해 희열로부터, 제4선을 통해 행복과 고통으로부터 차례차례로 마음을 벗어나게 하고 해탈케 한다는 의미다. 탐욕과 근심은 첫 번째의 두 가지 장애인 감각적 쾌락과 악의(惡意)를 의미하는데, 수행자는 쾌락은 안으로 당기고, 괴로움은 밖으로 밀쳐내고자 하는 마음을 관찰함으로써 라가[raga, 貪心]·도사[dosa, 瞋心]·모하[moha, 癡心]라는 세 가지 해로운 마음부수를 알아차린다. 삼매에 든 마음으로 그 장애들이 억압되어 마음이 수행으로 정화되었는지를 관찰한다.

수행자가 선정에 들었다가 출정하여서 선(禪)과 함께 한 마음은 파괴되기 마련이고 사그라지기 마련이라고 명상[觀]할 때, 즉 그 위빠사나를 하는 순간에 무상의 관찰로 '영원하다는 인식'으로부터 마음을 해탈케 하고, 괴로움에 대한 관찰로 '행복하다는 인식'으로부터, 역겨움에 대한 관찰로 '즐김'으로부터, 탐욕의 빛바램에 대한 관찰로 '탐욕'으로부터, 탐욕의 소멸에 대한 관찰로 '일어남'으로부터, 놓아버림에 대한 관찰로 '가짐'으로부터, 차례차례로 마음을 해탈케 한다.

사띠빠타나 수행에는 바른 마음가짐이 있어야 한다. 무엇인가를 좋아한다는 것, 즉 감각적 쾌락에 대한 욕망은 그것을 원한다는 뜻이고, 무엇인가를 싫어한다는 것, 즉 혐오는 그것을 거부한다는 뜻인데, 그런 욕망과 혐오는 무지로부터 생겨나는 번뇌이며, 무지 또한 번뇌이다. 따라서 어떤 것도 꾸미고 조작하면 안 된다. 또한 부정적인 감정과 생각의 파고가 일어난다고 해서 이를 거부해서도 안 된다. 이를 거부하는 것도 성냄[嗔心]이다. 일어나도 일어나는 줄 모르고, 사라져도 사라지는 줄 모르는 것은 어리석음[癡心]이다.

호흡수행[③↔④단계]할 때, 집중을 방해하는 장애요인들이 불쑥 마음에 떠오르는 경우가 있다. 특히 과거의 인상 또는 기억들은 마음을 회한에 빠지게 하거나, 미래에 대한 생각은 마음을 동요하거나 산만하게 만든다. 이와 같은 마음의 불건전한 상태를 제거하려면 두 가지 방법, 즉 의지력과 지혜를 발휘해야 한다. 과거에 일어난 일과 그것에 대한 뒤섞인 기억은 실체가 없는 것이며, 허상이라는 것을 지혜롭게 관찰한다. 미래를 생각하는 문제도 똑같은데, 다만 어떤 기대되는 일에 현혹된 느낌과 그 일에 대한 생각이라는 마음부수 법도 모두 그림자에 불과한 허망한 것임을 지혜롭게 관찰한다. 이런 방식으로 관찰할 때 수행자는 번뇌, 망상을 제거할 수 있고 표상에 대한 집중, 일념, 전일을 굳게 확립시킬 수 있다.

수행자는 그 자신의 마음속에서 일어나는 번뇌를 알아차려야 한다. 그것들을 관찰하고 이해하려고 노력해야 한다. 그것들에 집착하거나 거부하거나 무시하지 말고 특히 그것을 자신, 자아라고 동일시하면 안 된다. 수행자가 번뇌에 더 이상 집착하지 않고 자신과 동일시하지 않을 때 번뇌의 힘은 점점 약해질 것이다. 오직 마음의 지각과 느낌을 통해서만 마음을 알아차릴 수 있다. 생각하고 있거나 혹은 성냄, 실망, 욕심 등이 있음을 알아차리고 있을 때는 언제나 마음을 알아차리고 있는 것이다.

지혜는 선(善)을 지향하는 경향이 있지만 집착하지 않으며, 불선(不善)을 피하지만 혐오하지는 않는다. 지혜는 선(善)과 불선(不善)의 차이를 알고 불선(不善)한 것의 바람직하지 못함을 분명히 본다. 사띠가 강하고 지속적일 때, 자연스럽게 미세한 대상들을 지켜보기 시작한다. 미세한 대상들에 머물 수 있게 되면, 사띠의 힘은 더욱 증가될 것이고, 그러면 더욱 미세한 대상들을 지켜볼 수 있게 된다.

모든 의도는 동기로부터 나온다. 대부분의 동기는 번뇌이다. 오직 번뇌를 철저하게 인식하고 이해할 때만이 지혜가 생겨난다. 위빠사나는 사물을 좀 더 분명하게 보기 위해 항상 뒤로 물러서는 반면, 사마타는 대상에 뛰어들어 몰입한다. 사마디(samādi)는 집중하는 것과 관계가 없다. 사마디를 경험하는 것은 마음이 흔들리지 않고 안정되고 고요한 상태에 있다는 것을 말한다.[14]

네 번째 네 개조를 수행하는 방법

첫 번째 네 개조의 수행방법은 사마타[止] 수행과 관련돼 있고, 두 번째와 세 번째의 각 네 개조의 수행방법은 사마타와 위빠사나[觀] 수행과 모두 관련돼 있으나, 네 번째 네 개조를 수행하는 방법은 이와 달리 전적으로 순수한 위빠사나에 관련돼 있다고 해석하는 것이 다수설이다. 필자도 같은 입장이다.

이와 달리 『청정도론』에서는 첫 번째 네 개조의 수행방법은 사마타[止] 수행 겸 위빠사나 수행과도 관련돼 있다고 본다. 첫 번째 네 개조를 수행하여 초선을 증득하고 출정해서 위빠사나를 한 후, 다시 제2선으로 들어간다고 이해할 경우에는 『청정도론』의 이런 해석이 가능할 것으로 본다. 아래에서 설명하는 네 번째(⑬⇔⑯) 수행방법은 모두 『청정도론』(Ⅷ.145~244)에서 인용하였음을 미리 밝힌다.

네 번째 ⑬단계에서 '무상을 관찰하면서'라는 말은 ㉠무상한 것, ㉡무상한 성질, ㉢무상의 관찰이라는 세 가지의 의미를 지닌다. 여기서 ㉠무상한 것이란 오온(五蘊)을 말한다. 그들은 일어나고 멸하고 변하는 성질을 가졌기 때문이다. ㉡무상한 성질이란 그 대상에 존재하는 일어나고 멸하고 변하는 성질이다. 혹은 생겼다가 없어지는 것이다. 생긴 무더기 또는 다발[蘊]이 그 본래의 모습으로 머물지 않고 순간적인 부서짐을 통해 부서진다는 뜻이다. ㉢무상의 관찰이란 사람, 남자, 여자, 동물 등을 개념으로 보지 않고 물질, 정신으로 해체하여 무상하다고 관찰한다는 뜻이다.

네 번째 ⑭단계에서 '탐욕의 빛바램을 관찰하면서'라는 말은 파괴로서의 탐욕이 빛바램(전자)과 절대적인 탐욕의 빛바램(후자)이라는 두 가지 측면에서 이해해야 한다. 전자는 위빠사나의 순간에 상카라들이 순간적으로 무너지는 것을 뜻하고, 후자는 열반을 뜻한다. 탐욕의 빛바램을 관찰함이란 이들의 관찰로 일어나는 위빠사나와 도(道)다.

네 번째 ⑮단계에서 '소멸을 관찰하면서'라는 말에도 ⑬방법이 적용된다. 네 번째 ⑯단계에서 '놓아버림을 관찰하면서'라는 말은 버림으로서의 놓아버림과 들어감으로서의 놓아버림 두 가지의 의미를 지닌다. 놓아버림을 관찰함이란 이들의 관찰로 일어나는 위빠사나와 도(道)다. 왜 그러느냐 하면, 위빠사나는 (무상을 관찰함으로써 영원하다는 인식을 버린다는 취지에서) 반대되는 것으로 대체하여 과보로 나타난 무더기들과 오염원과 그것에 뿌리를 둔 업(業) 형성력들을 버리기 때문이다. 또한 형성된 것[有爲法]에 대하여 무상 등의 결점을 보고 그 형성된 것의 반대인 열반으로 기울어짐으로써 열반에 들어가기 때문이다.

이 두 가지 위빠사나의 지혜와 도의 지혜는 각각 이전의 지혜[반야]를 계속해서 따라보기 때문에 수관(隨觀, anupassanā)이라 한다.

어찌하여
느낌이 일어나는가?

〔受念處의 확립〕

느낌(vedana, 受)은 몸에서 느껴지는 감각을 말한다. 영어번역은 'sensation'과 'feeling'을 함께 사용하고 있다. 'sensation'은 감각과 관련된 신체적 측면이, 'feeling'은 정신적 측면이 강조된 번역이다. 빠알리 어(語)인 웨다나(vedana, 受)는 신체로서의 루빠(rūpa, 色)와는 분명하게 구별되는 마음현상이지만 여전히 신체적인 감각에 의존하는 개념이다. 느낌은 신체와 마음을 연결하는 통로이다. 따라서 느낌은 신체의 감각기관을 통한 외부의 자극에 의해서 발생하기도 하고, 마음에 의한 내부자극에서 발생하는 경우도 있다.

느낌은 어떻게 발생하는가? 초기 경전(SN 12:4, 12:5, 12:20)에서는 이것을 신체의 감각기관과 대상에 대한 의식의 접촉[phassa, 觸]에 의해서 성립된다고 설하고 있다. 접촉을 구성하는 요소는 감각기관(六門)·대상·의식 세 가지인데, 한역에서는 근(根)·경(境)·식(識)의 세 가지 화합[三事和合]이라고 번역하고 있다. 이것이 화합하여 접촉이 생겨나고 접촉을 조건으로 느낌이 생겨나고 느낌을 조건으로 갈애가 생겨난다.

이를테면 맑은 하늘을 보면 상쾌한 기분을 느낀다. 다시 말하면 눈의 감성이 대상을 만나면 시각의식[眼識]이 생기고, 이 시각의식에 의한 실질적인 대상과의 접촉에 의해서 느낌이 일어난다. 이것은 감각적인 접촉이다. 다른 한편, 향기로운 차 냄새에 의하여 의식은 활성화되고 그로 말미암아 아득히 잃어버린 과거의 기억을 되살릴 수도 있다. 차 냄새는 수많은 추억과 기억을 환기시키고, 그로부터 많은 느낌들을 떠올라오게 만든다. 이것은 마음이 과거의 경험과의 접촉에 의한 것이다.

느낌 발생의 주역은 바로 식(識)이다. 식(알음알이)이 없다면 느낌과 대상은 존재하지 못한다. 감각기관의 눈과 색깔로서 대상은 존재하지만 의식이 없으면 누가 춥고 따뜻하고 배고픈 줄을 알겠는가? 도대체 매일 성내고, 짜증내며, 시비하는 이것은 누구인가? 가장 기본이 되는 의식은 역시 여섯 종류[시각·청각·후각·미각·촉각·정신]의 감각의식이다.

『청정도론』(2권 522쪽)에서 이르길, 눈과 형상과 빛과 마음에 잡도리함(作意)을 조건으로 눈의 알음알이[眼識]가 일어난다. 귀와 소리와 공간과 마음에 잡도리함을 조건으로 귀의 알음알이[耳識]가 일어난다. 코와 냄새와 바람과 마음에 잡도리함을 조건으로 코의 알음알이[鼻識]가 일어난다. 혀와 맛과 물과 마음에 잡도리함을 조건으로 혀의 알음알이[舌識]가 일어난다. 몸과 감촉과 흙과 마음에 잡도리함을 조건으로 몸의 알음알이[觸識]가 생겨나고, 잠재의식과 마노[意]와 법[物心·현상]과 마음에 잡도리함을 조건으로 마노의 알음알이[意識]가 일어난다.

모닥불이 나무를 조건으로 타오르고 연료가 떨어지면 땔감으로 유전되지 않고 모닥불로 여겨지고 꺼지듯이, 이와 같이 안식(眼識)은 시각과 형상을 조건으로 시각능력의 감관에서 일어났다가 그 조건이 사라지면 눈[眼]으로 유전되지 않고 시각의식으로 여겨지지 않고 사라진다. 의식의 불멸성(不滅性)에 대해 쐐기를 박은 불멸의 진리다. 마찬가지로 현재의 육체[色]와 정신[受·想·行·識]은 어떤 절대자나 신(神)에 의해서가 아니라, 조건에 의해 일어났다가 사라질 뿐이다. 이와 같이 조건 지어진 느낌의 생멸(生滅)을 알아차리고 머물러 지켜보기 위해서 사띠 수행을 한다.

부처님의 이와 같이 수승한 가르침을 통해 우주의 제 요소들은

‘원인·조건 지음·결과’라는 틀의 지배를 받으면서 빠르게 일어나서 절정에 이르고 사라지는 찰나들을 통과하고 있을 뿐, 똑같은 채로 남아 있지 않고 끊임없이 변하고 있다는 것을 깨닫게 된다. 이것은 불교의 인식론적 체계의 근간으로 알려진 인과관계[연기]의 합리적인 모델이라 할 수 있다. 그래서 초기경전에서는 “연기(緣起)를 보는 자, 그는 법(담마)을 본다. 법을 보는 자, 그는 부처를 본다.”라고 말하고 있다.

이 연기법은 그 기본원리로서 극단적인 사유를 부정하는 중도(中道)의 원리를 제시한다. 부처님께서 설파하신 일곱 쌍으로 이루어진 십사부중도(十四部中道) 중, 자타중도(自他中道)와 고락중도(苦樂中道) 사상은 느낌[受]에 대한 사띠, 위빠사나와 관련되어 있다. ●15)

○ ● ○

“세존이시여! 누가 느낍니까?”라고 ‘몰리아 팍구나’ 수행승이 여쭈었다. 세존께서는 이렇게 답하셨다. “그와 같은 질문은 적당하지 않다. 나는 사람이 느낀다고 말하지 않았다. 만약 내가 사람이 느낀다고 말했다면 ‘누가 느낍니까?’라는 질문은 옳은 것이다. 그러나 나는 그렇게 말하지 않았다. 그러므로 그와 같이 말하지 않는 나에게는 오로지 ‘세존이시여! 무엇 때문에 느낌이 생겨납니까?’라고 물어야 한다. 그것이 올바른 질문이다. 그것에 대한 올바른 대답은 이와 같다. 여

섯 가지 접촉을 조건으로 느낌이 생겨나고 느낌을 조건으로
갈애가 생겨난다.

-「몰리야 팍구나 경(누:12)」

「여러 가지 느낌 경(SN14:4)」에서, 부처님께서는 느낌의 종류를 다양
하게 분류하여 설하고 계시다. 첫째는 눈 또는 코와 같은 감각기관
이 그에 상응하는 색깔이나 냄새와 같은 대상과의 만남에서 발생되
는 여섯 가지의 느낌들이다. 두 번째는 느낌의 맛에 의해서 즐거운
느낌, 불쾌한 느낌, 즐겁지도 불쾌하지도 않은 느낌의 세 가지이
다. 세 번째는 여기에 기쁨과 슬픔을 포함한 다섯 가지이다. 끝으
로 탐욕에 근거한 세속적인 느낌과 명상을 통해서 세간을 초월한
느낌으로 분류하기도 한다.

　　이런 감각느낌은 감정이나 마음의 작용과 연결되어 있다. 초
기경전에서는 탐착[貪]은 즐거운 느낌에서 비롯되며, 회피나 성냄[瞋]
은 불쾌한 느낌에 연결되고, 어리석음[癡]은 즐겁지도 않고 불쾌하
지도 않은 느낌에서 생긴다고 설하고 있다.

●

느낌을 조건으로 갈애가 생겨나는데, 윤회는 이 갈애에 의해 추동되
고, 무명(無明)에 의해 자양되므로 이러한 일련의 운동을 부수려면, 무
명이 명지(明知)로 대체되어야 한다. 무명은 조건적 발생의 연기 자체

129

를 알지 못하는 것 이외에 아무 것도 아니다. 그러므로 조건적 발생을 멈추는 데 필요한 지혜는 바로 어떻게 조건적인 발생이 작용하는가를 아는 것, 즉 연기법이 무엇인가를 아는 것 그 자체이다.

명상은 고통을 소멸하는 길로서, 새로운 어떤 마음을 획득하는 과정이 아니다. 다만 고통을 발생시키는 조건 지어진 마음의 현상을, 그 자체로 자각하여 수용하는 것을 말한다. 다시 말하면 느낌을 존재하는 그대로 관찰하여, 휩쓸리거나 저항하지 않는 채로, 그 본질을 통찰하는 과정이 느낌명상[受念處의 확립]이다.

내 몸 안의 여섯 가지의 감각에서 발생되는 느낌을 포착하는 알아차림의 단계가 '사띠'다. 알아차림은 비유하면 어둠 속에서 전등으로 대상을 향하여 비추는 것과 같다. 다만 무엇이 어디에 있는지를 조명하는 지각의 일종이다. 따라서 결과로 알려지는 대상에 대한 바른 이해[正知, sampajañña]와 구별된다.

●

느낌을 어떻게 관찰할 것인가? 일단 호흡에 마음을 집중하여 편안하고 고요한 상태를 유지한다. 마음이 준비가 되었으면 신체의 중요한 부위를 일정한 순서에 따라 관찰한다. 순서는 수행자가 편한 대로 하되 머리부터 발끝까지 차례로 내려갔다가 다시 반대로 등 뒤쪽으로 올라오면서 신체의 각 부위의 느낌을 검색한다. 이것은 감각에 접촉하면서 발생되는 느낌을 검색하는 것을 말한다.

이를테면, 즐거운 느낌을 경험하면, '나는 즐거운 느낌을 경험한다.'라고 분명히 알고, 괴로운 느낌을 경험하면, '나는 괴로운 느낌을 경험한다.'라고 분명히 알고, 즐겁지도 않고 괴롭지도 않은 느낌을 경험하면 '나는 즐겁지도 않고 괴롭지도 않은 느낌을 경험한다.'라고 분명히 안다.

마치 나뭇잎의 흔들림을 보면 그곳에서 바람의 존재를 인식하듯이 마음은 몸의 느낌을 통해서 자신의 존재를 드러낸다. 이것은 봄바람처럼 살랑거리는 즐거운 애착을 촉발시키는 느낌도 있지만 너무나 강력하여 직면하기 두려운, 그래서 도망가거나 혹은 공격하게 만드는 불쾌한 느낌이나 아니면 어느 쪽에도 속하지 않는, 무엇도 선택할 수 없는 느낌도 있다.

수행자는 몸[色] 느낌을 통해서 내면에 숨겨진, 억눌린 감정을 읽게 된다. 이런 점에서 느낌은 몸과 마음을 연결하는 통로, 징검다리이다. 그런데 이 통로가 막히면, 몸에서 발생되는 느낌을 그대로 느끼기에는 매우 힘든 경우가 있다. 아니면 느낌을 느끼는 것 자체를 거부하거나, 사방에서 일어나는 돌개바람처럼 스스로 혼란에 빠지기도 한다. 그런 이유로 느낌을 관찰하는 훈련방법이 필요하다. 인터넷 검색처럼 각각의 신체 부위를 머리에서 혹은 발끝에서 순차적으로 온몸의 느낌을 관찰하게 하여 몸 어디에서 어떤 감각느낌이 발생되는지를 알아차리고, 그것이 마음의 어떤 부분과 연결되어 있는지를 관찰하는 것이 느낌 명상이다. 이로써 막힌 몸과 마

음의 출구, 통로를 뚫어 너와 나를 소통하게 하고, 지금 여기의 삶
에서 마침내 번뇌에서 벗어나 조건 지어진 일상의 삶에서 진리를
실현하게 한다.

요즘 우리나라 사람들은 스트레스 속에 갈팡질팡하고 있다.
급변하는 국제금융 사정이나 유명 연예인들의 잇단 자살사건 등에
비추어 볼 때 직무상 매우 심한 긴장감을 느끼고 있다. 가장 큰 문
제는 스트레스를 받은 상황에 길들여지고 있다는 것이다. 최근 발
표된 국민건강영향조사보고서에 따르면, 우리나라 사람들 10명 가
운데 8명은 평상시에 스트레스를 느낀다고 응답했다. 스트레스를
어떻게 대처하고 있는가라는 설문에 대하여 1위는 음주와 흡연이
고, 2위는 '그냥 참는다'라는 응답이 나왔다. 한마디로 스트레스에
현명하게 대처하는 능력이 매우 떨어진다는 것을 알 수 있다.

여기서 필자는 스트레스를 퇴치할 수 있는 최고의 무기는 느낌
명상이라고 단호하게 말한다. 스트레스를 적극적으로 자세하게 살
펴보자. 그것들은 머리의 표현하기 힘든 어지러움일 수 있고, 양어
깨를 짓누르는 책임감과 같은 불쾌감일 수 있고, 가슴을 조여 오는
불안감일 수도 있다. 견디지 못할 정도로 고통스럽고 힘이 들면
'이렇게 까지 해서 살아야 할 것인가?'라는 질문이 고개를 쳐들고
일어날 때도 있다. 그러나 우리 모두가 좋은 느낌을 갖기 위해서 사
는 것은 결코 아니다. 느낌이 싫다고, 불쾌하다고 해서 혐오감 때
문에 피하고, 좋은 느낌에는 끊임없이 매달린다면 이것은 우리를

더욱 피폐하게 만들고, 상실에 대한 두려움으로 인해 우울과 불안
감을 끊임없이 재생산해 낸다. 하지만, 불쾌한 느낌도 부정할 수
없는 내 삶의 일부이고, 내게 찾아오는 귀한 손님이다. 그냥 조용
히 마중하여 내 방으로 안내하고, 호흡과 함께 눈을 감고, 존재하
는 그대로 온전하게 느끼면서 변화되는 전 과정을 휩쓸리지 않고,
머물러 지켜볼 수만 있다면 결국 이것이 우리를 지혜로 이끌고, 나
의 삶을 평화롭게 가꾸어줄 것이다.

그러므로 오늘부터라도 출근 전 이른 아침에 5분 동안만이라
도 느낌명상을 해볼 것을 권한다. 필자는 매일 아침에 약 30분 정도
20여 가지 몸의 자세를 변형하는 스트레칭을 통해서 몸의 느낌이
일어나고 사라지는 것을 명상하고 있다. 그 결과, 딱딱한 몸의 마
디마디 또는 관절부위가 유연해지는 것을 체험하고 있다.

●

좌선과 아울러 경행(經行)을 통해 느낌관찰을 할 수도 있다. 초기경전
에 따르면, 부처님께서도 새벽 2시에서 3시 사이에 경행을 했다는
기록이 있다. 이와 같이 좌선과 경행은 모든 장애에서 마음을 청정
하게 하는 데 도움이 된다.●16)

우리는 시골 길을 걸어본 기억이 있다. 최근에는 제주의 올레
(길) 걷기가 새로운 관광 상품으로 부상했다. 걷는 행동은 우리의 삶
에서 매우 중요한 부분이다. 이쪽에서 저쪽으로, 이 마을에서 저

마을로 거미줄처럼 서로 연결된 옛길을 걸으면서 걷기명상을 할 수가 있다. 천천히 느리지도 빠르지도 않게, 걸음걸음에 충분하게 깨어있으면서 얼굴을 만지고 지나가는 공기의 흐름을 느끼고, 대지에 접촉하는 발의 중력, 그 미세한 움직임을 주시하고, 굽히고 펴지는 무릎관절의 부드러운 리듬을 살펴본다.

경행하면서, 어떤 특정한 느낌이 강하게 발생한다면 그 느낌에 충분하게 머물러서 지켜본다. 어떤 일이 일어나는지, 분명하게 깨어나서 바라본다. 그러면 시간이 지남에 따라서 호흡과 함께 지켜보면 그 느낌은 약해지거나 사라진다는 사실을 경험하게 될 것이다. 이를테면, 즐거움을 느끼게 하는 접촉을 조건으로 즐거움의 느낌이 생겨나지만, 그 접촉이 소멸하면 그것에 의해 발생되고 경험된, 즉 즐거움을 느끼게 하는 접촉을 조건으로 생겨나는 즐거움의 느낌은 소멸하여 그쳐 버린다.

마치 두 개의 부싯돌이 떨어지면 거기에서 생겨난 연기가 소멸하여 그쳐 버리듯, 여섯 감관의 접촉에서 생겨난 느낌이라는 것은 영원한 것이 아니라 무상한 것이다. 무상한 것은 괴로운 것이고, 무상하고 괴롭고 변화하는 느낌을 '이것은 나의 것이고, 이것은 나[我]이고, 이것은 나의 자아이다.'라고 여기는 것은 옳지 않다는 가르침은 세존께서 '라홀라' 존자에게 하신 말씀이다. ●17)

두 개의 부싯돌이 떨어지면 거기에서 생겨난 연기가 소멸하여 그쳐 버리듯,
여섯 감관의 접촉에서 생겨난 느낌이라는 것은
영원한 것이 아니라 무상한 것이다.

●

우리는 자신이 '성냄'을 쉽게 인식하지만, 성냄의 감각느낌을 관찰해보지는 않는다. 이것은 무엇보다도 성냄의 격류에 휩쓸리어 자신을 객관적으로 바라볼 수가 없기 때문이다. 우리는 공격하려는 마음이 앞서거나 아니면 성냄 자체를 감추고 회피하려 한다. 이러한 습관화된 자동반응으로 성냄에서 자유롭지 못하다. 하지만 성냄 현상을 알아차리고, 거기서 머물러서 지켜보라. 무엇이 발견되는가? 그곳에는 성냄이 존재하는가? 우리는 성냄을 관찰할 수 없다. 대신에 우리가 관찰한 것은 열기, 거친 호흡, 빨라진 맥박 등의 신체의 감각 느낌들이다. 성냄은 사회적인 언어적 표상, 개념일 뿐이고 실제로 존재하는 것이 아니다. 이런 통찰을 대승불교에서는 반야, 텅 비어 있음[空]에 대한 통찰이라 한다.

●

만일 수행자가 통증이나 쑤심, 또는 몸의 불편함으로 고통을 겪고 있다면, 마음이 이것들에 대해서 반응하고 있다는 것이 된다. 이 단계에서는 수행자가 아직 고통스러운 육체적 감각을 직접 관찰할 준비가 되어있다고 말할 수 있다. 통증을 좋아하는 사람은 아무도 없다. 그것에 대해서 싫어하는 마음을 가지고 관찰한다면 통증은 점점 악화될 것이다. 이는 마치 못마땅한 사람을 계속 쳐다보면 더욱 화가 나는 것과 같다. 먼저 마음가짐을 점검해야 한다. 통증이 감소하거나 없어지기를 바라는 것은 잘못된 마음가짐이다. 통증이 없어지고 안 없어지고는 문제가 아니다. 통증이 문제가 아니라 그 것에 대한 부정적인 정신적 반응이 정말 문제다. 만약 그 통증이 어떤 사고나 질병 때문에 생긴 것이라면 당연히 더 이상 악화되지 않도록 주의하지 않으면 안 된다. 하지만 수행자가 건강하고 병이 없다면, 통증은 마음이 하는 것을 지켜보는 연습을 할 수 있는 좋은 기회가 된다. 통증이 있을 때는, 정신적 느낌과 반응이 강하기 때문에, 쉽게 마음을 관찰할 수 있다.

수행자는 마음에서 일어나는 성냄, 저항감, 긴장이나 불편함을 지켜보는 것을 배워 나가야 한다. 마음상태와 통증은 직결되어 있다. 관찰하는 마음이 고요하고, 편안하면 편안할수록 수행자가 지각하게 되는 통증은 그만큼 약화된다. 물론, 수행자의 마음이 통증에 대해 강하게 반응한다면, 즉 도저히 통증을 참을 수 없다면 자세를 바꾸어서 자신을 편안하게 해 주어야 한다. 마음의 반응을 사라지게 하기 위해서 통증을 바라보고 있는 것이 아니라는 것을 기억해야 한다. 언제나 반응하는 마음이 일어나면, 그것의 성품을 조사하는 기회로 삼으라.

그러나 이러한 통증이나 감각이 너무 강해서 도저히 볼 수 없을 때에는, 호흡이나 소리 같은 중립적이거나 편안한 대상에 주의를 돌릴 수도 있다. 이렇게 함으로써 마음을 전환시켜, 생각하지 않게 되거나 최소한 생각하는 것이 줄어들게 될 것이다.

우리는 마음의 내적인 평화를 얻기 위해서 명상을 한다고 말한다. 하지만 내적인 평화는 명상의 결과이다. 만일 의도적으로 평화를 얻고자 하면, 역설적으로 마음은 더욱 불편해져버릴 것이다. 왜 그러냐 하면 무엇인가 얻고자 하는 의도를 내려놓는 것이 바로 명상이기 때문이다. 역설적으로 번뇌를 끊으려고 할수록 번뇌는 더욱 일어나 나를 압도하게 된다. 내면의 깊은 곳에서 일어난 감정을 관리하고 통제하여 없애려 하면 할수록 이런 노력은 필경 실패로 끝나고, 불쾌한 짜증만 남게 된다. 그 느낌의 폭풍을 그대로 온 몸으로 적극적으로 체험하고, 쉴 새 없이 이곳저곳을 기웃거리는 마음과 싸우지 않으면서 그 자체로 알아차리고 충분하게 느끼면서 그냥 지나가도록 허용하는 것이 느낌명상이다.

○ ● ○

"수행자여! 수행자는 분명하게 안다. 감각느낌의 일어남과 사라짐을. 덧없음[無常]에 대한 바른 이해[正知]와 마음의 고요함에 근거한 사띠로써 지혜로운 수행자는 느낌이 사라지는 전 과정을 온전히 관찰하여 갈망으로부터 벗어나 완전한 해탈을 경험한다."

- 「깟짜야나곳따 경(SN12:15)」

스스로에게 물어보라. 그것들이 어떠한 느낌을 일으키는지? 나는 무엇을 생각하고 있는지? 내 생각이 느낌에 어떻게 영향을 미치는지? 내 느낌이 생각에 어떻게 영향을 미치는지? 그 생각들 뒤의 마음가짐은 어떠한지? 여기에 대한 해답은 호흡 사띠의 두 번째 ⑦단계와 같다.

나아가 가려움이나 뜨겁고, 차가운 느낌 같은 다른 육체적인 불편함을 사띠할 때에도 똑같은 논리가 적용된다. 또한 육체적인 불편함에 대한 반응을 다루기 위해 배운 이러한 심리적 기법은 행복, 즐거움, 갈망, 집착뿐만 아니라 분노, 좌절, 질투, 실망, 혹은 거부감 같은 번뇌를 다루는 데도 똑같이 적용할 수 있다.

마찬가지로 번뇌와 관련되어 있는 모든 것들도 통증과 유사한 방법으로 다루어져야 한다. 집착과 혐오, 두 가지 모두를 알아보고, 놓아버리는 것을 배워야 한다. 그러한 감정을 조사할 때, 그것들이 자연스러운 현상이라는 것을 스스로에게 상기시켜 주는 것이 중요하다. 그것들은 나의 감정이 아니다. 누구나 그것을 경험한다. 감정을 동반하는 생각과 마음의 영상을 지켜볼 때 이를 항상 염두에 두어야 한다. 내가 동일시하는, '나' 또는 '나의 것'이라는 모든 생각은 실제로 감정을 부추기게 된다.

●

이와 같은 방식으로 수행자가 느낌에 대해 느낌을 안으로 관찰하거나, 느낌에 대해 느낌을 밖으로 관찰하거나, 느낌에 대해 느낌을 안팎으로 관찰한다. 또는 느낌에 대해 생성의 현상을 관찰하거나, 느낌에 대해 소멸의 현상을 관찰하거나, 느낌에 대해 생성과 소멸의 현상을 관찰한다.

단지 수행자에게 순수한 앎과 순수한 사띠만이 있는 정도만큼 '느낌이 있다'라고 하는 사띠가 이루어진다. 수행자들은 느낌의 어느 것에도 의존하지 않고 느낌의 어느 것에도 집착하지 않는다.

인식되는 것은
무엇이나 관觀하라

〔心念處의 확립〕

●

사띠의 대상으로서의 마음은 의식의 일반적인 상태를 뜻한다. 의식 자체는 본질적으로 단순히 대상을 알아차리거나 인식[지각]하는 것이지만, 마음의 상태는 그것과 결합된, 또는 조합된 마음부수[心所], 이를테면 탐욕·성냄·어리석음이나 그것들과는 반대의 경우에 의해 정해진다.

이를테면, 대상을 객(客)이라 하고 마음을 거울[鏡]이라고 비유할 때, 밖의 형상이나 색깔이 눈[眼]의 문에 부딪칠 때 시각의식[眼識]이 일어나는 것은 거울이 대상을 비추는 것과 같은 원리이다. 그런데 거울이 대상을 비추는 것에 뒤따라서 때때로 해로운 마음부수인 탐욕·성냄·어리석음 등이 일어나는데, 이것을 대승불교에서는 마음의 다른 작용, 즉 티끌[塵]이라고 부르는 번뇌가 일어난다고 표현하고 있다.

마음은 대상[六境]이 없으면 일어나지 않는다. 마음은 한 순간에 일어나서 대상을 아는 기능을 수행하고 멸한다. 대상은 다섯 감각의 문[5門]에 부딪칠 때마다[觸] 동시에 여섯 번째 감각의 문[마노, 意]에 부딪친다. 다시 말하면 색깔은 먼저 '알음알이'라는 의미를 가진, 마음이 알아차리고 그 다음에 안식(眼識)이 지각한다. 그런데 다섯 가지의 감관[眼·耳·鼻·舌·身]에 부딪치는 다섯 가지의 대상[色·聲·香·味·觸]과 달리, 마노[mano, 意]의 문에 홀로 부딪치는 대상이 있다. 아비담마에서는 이를 여섯 가지 법이라 하여 감성의 물질, 미세한 물질, 이전의 마음, 52가지의 마음부수, 닙바나(열반), 개념 등을 포함한다. 다섯 가지의 알음알이[前五識]의 대상은 현재에 일어나는 물질이다.

마음은 알아차리는 행위를 떠나서, 그 자신 안에 실재적인 존재를 가지고 있는 행위자도 아니요, 도구도 아니다. 마음(citta)은 찰나(刹那) 생(生)·찰나(刹那) 멸(滅)한다.

왕(王)이 가는 곳에 대신들이 시종하듯, 마음이 일어나면 반드시 같이 따라오는 마음부수들인, 감각접촉[觸, phassa]·느낌[受]·인식[想, saññā]·의도(cetanā)·집중[心—傾性, ekaggatā]·생명기능[命根, jivitindriya]·마음에 잡도리함[如理作意] 등이 함께 일어났다가 또 함께 소멸한다.

빠알리 주석서와 논서에서, 찌따(citta)는 여섯 감각기관(六根)과 여섯 대상(六境)이 있는 곳에서 따라 일어나는 알음알이[識, viññāna]라는 뜻과 동의어로 쓰이고 있다. 좁은 의미로서의 알음알이[識]는 오온(五蘊)의 다섯 번째이며 대상의 존재를 알아차리는 것을 뜻한다. 예를 들어 눈[眼]이 파란 색의 물체를 보았을 때에 안식(眼識)은 빛깔의 존재를 알아차릴 뿐이고, 그것이 파란 색이라는 것을 깨닫지 못한다. 이 단계에서는 아무런 인식이 없다. 그것이 파란 색이라는 것을 아는 단계는, 지각[想]의 단계이다. 넓은 의미로서의 알음알이[識]는 대상을 경험하는 3단계로 산냐-윈냐나-빤냐(paññā, 통찰지)를 설정할 때, 대상을 알 뿐만 아니라 특징을 통찰하는 역할을 한다. 예를 들어 눈이 꽃을 보았을 때, '아, 저게 꽃이구나.'를 인식하는 것은 산냐이고, '저건 분홍색으로 키가 큰 무궁화 꽃이구나.'라고 그 특징까지 자세히 아는 것이 윈냐나이고, '저건 지금 현재론 저렇게 머물러 있지만 곧 다른 상태로 변할 거야. 그리하여 살아있는 것들이란 늘 한결같을 수 없는 괴로움이야.' 하는 것을 알게 되는것은 빤냐(般若, 慧)라고 구별하고 있다.

아비담마에서는 마음(citta)이 일어나는 곳에 언제나 산냐와 윈냐나가 함께 일어나지만 빤냐는 그렇지 않다. 수행자들에게 무상·고·무아의 세 가지 특상, 즉 존재의 삼법인을 수관하는 지혜가 현존해야만 통찰지(빤냐)가 일어난다.

초기경전에서 부처님께서는 항상 존재나 개인을 오온(五蘊)으로 분석한다. 물질의 무더기[色蘊, rūpa-khandha), 느낌의 무더기[受蘊,

vedanā-khanda), 인식의 무더기[想蘊, saññā-khandha), 형성의 무더기[行蘊, saṅkhāra-khandha), 알음알이의 무더기[識蘊, viññāna-khandha]가 그것이다.

이 가운데 식온(識蘊)은 아비담마(Abhidhammma)의 마음[心, citta]과 일치하고, 수온(受蘊)·상온(想蘊)·행온(行蘊)은 마음부수[心所]와 일치하며, 색온(色蘊)은 물질과 일치한다. 아비담마에서는 이런 마음, 마음부수, 물질에다가 열반(nibbāna)을 포함하여 모두 네 가지 궁극적 실재를 말한다. 마음, 마음부수, 물질은 유위법(有爲法)이라 하고, 열반은 무위법(無爲法)이라 하는데, 이런 궁극적 실재야말로 [18] 욕계·색계·무색계에서부터 출세간의 경지에까지 항상 존재하는 최소의 단위이다. 일체의 존재를 이런 최소의 단위로 분해하고 분석하고 해체하여 '나'라고 주장할 수 있는 궁극적 존재가 없다고 가르치는 것이 아비담마이다.

사띠 수행을 해나갈수록 수행자는 다섯 가지 감관을 통해 지각되는 모든 것을 자세히 관찰하려는 자세를 갖추어야 한다. 이를테면 귀를 통해 소리를 듣고 있는 그 마음을 지켜본다. 마음이 소리에 끌린 나머지 그것을 가지고 엉뚱한 이야기를 만들고 있는지를 지각한다. 마음이 생각을 하도록 내버려 두고 하고 싶은 대로 하게 놔두고 단지 수행자는 그저 관찰할 뿐이다. 모든 감각 인상들이 어떻게 일어나서 어떻게 사라지는지 본다. 마음을 현재에 머물게 한다. 이미 지난 것들에 대해 생각이 기울지 않고, 내일 할 것에 대해서도 생각하지 않는다. 수행자가 항상 현재 이 찰나 속에서 사물의 참 본성을 본다면 그때 삼라만상은 법, 진리 자체가 되어 저절로 모습을 드러내게 될 것이다.

부처님께서는 각각의 법들은 모두 그 자신의 고유한 특징을 가지고 있지만 무상(無常)·고(苦)·무아(無我)의 보편적 특징을 벗어나지 못한다고 가르치셨다. 육경[六境 ; 色·聲·香·味·觸·法]에 대해 알면 알수록 모두가 공통적으로 무상·고·무아의 성질을 가졌다는 것을 알게 된다. 무엇을 보든지, 무엇을 하든지, 모두 주의 깊게 관찰한다. 무엇이 눈에 들어오든지 그것을 모두 관찰한다. 선량한 사람을 보든가, 악한 사람을 보든가, 부자를 보든가, 가난한 사람을 보든가, 이것저것 가리지 말고 모두 관찰한다.

이를테면, 어떤 물건을 한동안 써보면 싫증이 나서 그것을 다른 사람에게 주거나 팔고 싶어진다. 아무도 가져갈 사람이 없으면 쓰레기통에 던져버릴 때도 있다. 왜 그러냐 하면 우리의 삶이란 무상하여 끊임없이 변하지 않고는 못 배겨나기 때문이다.

●

여섯 감관[眼·耳·鼻·舌·身·意의 六門]의 인식과정에서 "즐겁다, 괴롭다, 괴롭지도 즐겁지도 않다."는 세 가지 느낌이 일어남과 동시에 그 인식 대상을 받아들여 개념작용을 일으키고 이름을 붙이는 작용

[想]이 함께 일어난다. 이 느낌과 인식은 사랑하고 미워하고 집착하고 염오하는 등의 정서적인 의도나 반응, 또는 반작용[상카라, 行]으로 발전하게 된다. 이를테면, 탐욕·성냄·어리석음·게으름과 나태, 양심 없음·수치심 없음 등의 마음부수들이 함께 일어나 해로운 마음상태를 만들어 낸다. 반대로 삼보에 대한 믿음, 사무량심, 삼매 및 해탈을 향한 마음부수 등이 함께 일어나게 되면 아름다운 마음상태를 만들기도 한다.

●

「사념처경(MN 10)」에서 부처님께서는 "수행승들이여, 마음에 대해 마음을 관찰하는 것은 어떠한 것인가?"라고 묻고, 이와 같이 가르치셨다.

-

탐욕이 있는 마음을 탐욕이 있는 마음이라고 분명히 알고,
탐욕이 없는 마음을 탐욕이 없는 마음이라고 분명히 알고,

-

성냄이 있는 마음을 성냄이 있는 마음이라고 분명히 알고,
성냄이 없는 마음을 성냄이 없는 마음이라고 분명히 알고,

-

어리석음이 있는 마음을 어리석음이 있는 마음이라고 분명히 알고,
어리석음이 없는 마음을 어리석음이 없는 마음이라고 분명히 알고,

긴장된 마음을 긴장된 마음이라고 분명히 알고,

흩어진 마음을 흩어진 마음이라고 분명히 알고,

계발된 마음[大心]을 계발된 마음이라고 분명히 알고,

계발되지 않은 마음을 계발되지 않은 마음[小心]이라고 분명히 알고,

고귀한 마음을 고귀한 마음[색계와 무색계의 마음]이라고 분명히 알고,

고귀하지 못한 마음을 고귀하지 못한 마음이라고 분명히 알고,

집중된 마음을 집중된 마음[근접삼매와 본삼매]이라고 분명히 알고,

집중되지 않은 마음을 집중되지 않은 마음이라고 분명히 알고,

해탈된 마음을 해탈된 마음[찰나 열반]이라고 분명히 알고,

해탈되지 않은 마음을 해탈되지 않은 마음이라고 분명히 아는 것이다.

●

이와 같은 방식으로 수행자는 마음에 대해 마음을 안으로 관찰하거나, 마음에 대해 마음을 밖으로 관찰하거나, 마음에 대해 마음을 안팎으로 관찰한다. 또한 마음에 대해 생성의 현상을 관찰하거나, 마음에 대해 소멸의 현상을 관찰하거나, 마음에 대해 생성과 소멸

의 현상을 관찰한다.

　　단지 수행자에게 순수한 앎과 순수한 주의 깊음이 있는 정도만큼 '마음이 있다'라고 하는 사띠가 확립된다. 이렇게 공부 지을 때 세상에 대한 욕심과 싫어하는 마음을 버리면서 세상의 어느 것에도 의존하지 않고, 세상의 어느 것에도 집착하지 않고, 분명히 알아차리고, 사띠가 확립되어 머문다.

내 안[五蘊]이
텅 비어있다
〔法念處의 확립〕

담마[法] 바로 보기

일체 중생은 생로병사의 괴로움에 시달리고 있다. 우리 모두가 일체의 괴로움으로부터 해탈을 원한다면, 명상하는 방법을 배워야 한다. 명상은 몸과 말의 계율에 기초한 사마타[止]와 위빠사나[觀]로 이루어져 있다. 다시 말하면 팔정도(八正道)를 개발하고 완성하는 것이다. 첫 번째가 바른 견해[正見]이다. 바른 견해란 무엇인가? 오온(五蘊)에 대한 집착[五取蘊]인 괴로움의 성스런 진리에 대한 통찰지(위빠사나)와 오온에 대한 집착을 일으키는 원인을 식별하는, 즉 연기에 대한 통찰지를 말한다.

집착에 떨어지기 쉬운 이 오온이 괴로움의 성스러운 진리(苦聖
諦)에서 말하는 담마[法]이다. 불자들이 가장 많이 독송하는 반야심경
의 오온(五蘊)이라 함은 물질(色), 느낌(受), 지각(想), 상카라(行), 마음(識)
을 말한다. 이를 압축하면 정신[受·想·行·識]과 물질[色] 두 가지이다.

법에 대한 사띠에서 그 법(法)이라 함은 느낌을 제외한 51가지
마음부수, 집착의 대상인 오온, 열두 가지 내·외부의 감각토대[12
處], 열여덟 가지 요소[18界], 일곱 가지 깨달음의 요소[七覺支], 사성제
(四聖諦)를 말한다.

앞에서 몸[身]의 일부인 호흡에 대한 사띠로써 물질의 무더기[色
蘊]를 파악하였고, 느낌에 대한 사띠로써 느낌의 무더기[受蘊]를 파악
하였고, 마음[心, citta]에 대한 사띠로써 알음알이의 무더기[識蘊]를 파
악했다.

따라서 법에 대한 사띠 중, 사띠의 대상은 인식의 무더기[想蘊]
와 상카라의 무더기[行蘊]로 압축할 수 있다. 초기불교에서는 마노
[mano, 意]의 대상이 되는 정신적인 영역을 법(dhamma)이라고 부르고
있는 바, 마음이 몸의 안팎 대상과 접촉하고 어떻게 알아차리고 있
는지를 이해하는 것이 불교심리학의 과제라 할 수 있다.

일체 중생은 매 찰나 대상과의 연기적 관계 속에서 살아간다.
그 대상은 크게 물질적인 대상과 정신적인 영역으로 나눌 수 있다.
외부의 물질적인 대상과의 관계[접촉]는 눈·귀·코·혀·몸을 통해서
하게 된다. 그러므로 눈·귀·코·혀·몸은 각각 형상(또는 색깔)·소리·

냄새·맛·감촉이라는 대상을 만나는 문(門)이 된다. 눈과 형상의 만남이 일어나는 곳을 불교에서는 감각장소[處]라고 한다. 그리고 이런 감각장소는 눈에 보는 기능이 있고, 귀에 듣는 기능이 있듯이 5문의 각각에 고유한 기능 혹은 능력을 가지고 있는데, 불교에서는 이것을 감각기능[根]이라고 부른다. 한편 내부의 정신적 영역을 관장하는 문·감각장소·감각기능을 마노[意]라고 부른다. 아비담마에서는 마노의 대상인 법(dhamma)을 더욱 구체적으로 세분하여 미세한 물질, 마음부수들, 열반을 들고 있다.

물질에는 사대[地·水·火·風]가 있고, 사람의 몸은 이 사대로 이루어져 있다. 아비담마의 가르침에서는 지(地, pathavi)는 견고성을 띤 의지의 요소이고, 수(水, āpo)는 유동성을 띤 응집의 요소이고, 화(火, tejo)는 가열성을 띤 온도의 요소이고, 풍(風, vayo)은 확산성을 띤 팽창의 요소이다. 반면에 네 가지 비(非) 물질적인 요소, 즉 사람의 모든 정신과 정서의 전개과정은 마음이라는 말 속에 모두 포함된다. 마음(mind)은 빠알리어인 마노(mano, 意), 찌따(citta), 윈냐나(viññāna)를 포괄하는 개념이지만, 초기경전의 주석서에서는 위 세 단어가 같은 뜻을 갖고 있다고 설명하고 있다.

초기경전에서는 사람이라는 존재를 마음과 몸의 결합체[名色 : nāma-rūpa]로 본다. 부처님께서는 식(識)과 상(想)을 더불어 이 한 길 몸뚱이[色] 속에 세계와 세계의 소멸에 이르는 길이 있음을 천명하셨다. 여기서 '세계'란 두카[苦]를 의미한다. 따라서 부처님의 가르침에 따르면 고통은 오온(五蘊)과 하나이고 별개의 두 가지가 아니다. 불교는 물질을 부인하지 않는다. 물질이 정신에 미치는 막대한 영향을 인정하면서도 사람의 마음이 더 큰 비중이 있음을 강조한다.

○ ● ○

어떤 비구가 부처님께 이렇게 여쭈었다.

"세존이시여, 이 세상은 무엇에 의해 인도되고 있습니까? 무엇이 세상을 이끌어 가고 있으며, 어떤 한 가지 법에 모든 것이 지배를 받습니까?"

부처님께서는 이렇게 대답하셨다.

"비구여, 세상은 마음에 의해 인도되고, 마음이 세상을 이끌고 있으며, 모든 것이 마음이라는 한 가지 법의 지배하에 있느니라."

마음이 우리 존재의 핵심이라고 보는 것이 불교의 관점이다. 즐거움과 고통, 행복과 불행, 선과 악, 삶과 죽음 같은 모든 심리적 경험들을 어떤 외부적 요인으로 돌리지 않고 자신의 생각[想]과 그것이 초래한 행동[業力]의 결과임을 안다. 그러므로 불자답게 살기 위해서 스스로 말과 행동과 뜻을 청정하게 하기 위한 정화의 길을 걸어가고 있다.

일수오현(一水五見) ; 다섯 가지 장애[五蓋]

불자로서의 정신적 향상과 정화의 길을 방해하는 다섯 가지 장애가 있다. 감각적 쾌락의 욕망, 악의(惡意), 해태(懈怠)와 혼침(昏沈), 흥분(興奮)과 회한(悔恨), 의심(疑心)이 그것이다. 감각적 쾌락의 욕망과 악의는 삼매수행에 가장 강력한 장애로서 탐욕과 성냄을 수반하고 있고, 나머지 세 가지 장애는 비교적 덜하지만 어리석음을 수반하고 있다.

똑같은 물이라도 젖소가 마시면 우유가 되고 독사가 마시면 맹독이 된다는 말이 있다. 초기경전의 주석서에 의하면, 이 다섯 가지 장애를 물에 비유하여, 감각적 쾌락에 대한 욕망은 다섯 가지 색깔로 물든 물로, 분노[악의]는 부글부글 끓는 물로, 해태(게으름)와 혼침(정신이 혼미함)은 이끼가 낀 물로, 흥분과 회한은 바람이 불어 파도치는 물로, 의심은 흐린 흙탕물로 표현하고 있다. 필자는 이를 자신의 참모습이 탐(貪)·진(嗔)·치(痴) 3독심(毒心)에 의해 오염되어 물 속에 잠긴 다섯 가지 마음을 드러내고 있다는 뜻에서 일수오현(一水五見)이라는 말을 쓰고 있다.

필자가 초심자로서 아란 마을의 숲속에서 명상을 할 때면 이런 다섯 가지 장애들이 있는 힘을 다해 반격을 가해 왔다. 이 다섯 가지 장애는 선정[삼매]뿐만 아니라 그보다 낮은 수준의 정신집중마저 방해할 때도 있었다. 하지만 참고 견디면서 내 자신을 변화시켜 왔다. 이를테면, 어떤 아름다운 형상을 보면서 감각적 욕망이 일어날 때 몸의 무상(無常)함과 부정(不淨)한 측면을 관(觀)한다. 다시 말하면 보통사람들은 속칭 '몸짱', '얼짱'이라고 말하면서 몸을 좋고 아름다운 것으로 보지만 필자는 수행자로서 지·수·화·풍의 사대(四大)에 대한 관찰을 하거나, 아홉 가지 묘지에서의 관찰[19]을 하면서 이런 감각적 욕망에 역행(逆行)한다.

명상 가운데, 내 안에 감각적 욕망이 일어나면 '나에게는 안으로 감각적 욕망이 있다.'라고 분명히 알고, 안으로 감각적 욕망이 일어나지 않는다면 '나에게 안으로 감각적 욕망이 없다.'라고 분명히 안다. 아직 생겨나지 않은 감각적 욕망이 생겨난다면 생겨나는 대로 그것을 분명히 알고, 이미 생겨난 감각적 욕망을 버리면 버리는 대로 그것을 분명히 알고, 이미 버려진 감각적 욕망이 미래에 생겨나지 않는다면 생겨나지 않는 대로 그것을 분명히 안다.

분노(성냄)를 일으키는 특징, 또는 인상에 대해서 지혜롭지 못하게 주의를 기울이기 때문에 성냄이 일어난다. 분노 또는 분노의 생각을 조건으로 분노의 지각이 생겨나고, 분노의 지각을 조건으로 분노의 의도[惡意]가 생겨나고, 분노의 의도를 조건으로 분노의 욕구가 생겨나고, 분노의 욕구를 조건으로 분노의 열망이 생겨나고, 분노의 열망을 조건으로 분노의 추구가 생겨난다. 범부 중생들은 그 분노의 추구를 찾아서 신(身)·구(口)·의(意) 3업(業)을 짓는다.[20]

분노가 있거나 없을 때, 또는 일어난 분노가 어떻게 제거되는지, 제거된 분노가 앞으로 다시 일어나지 않도록 염[念, 사띠]하는 5단계 과정은 감각적 욕망에 대한 분명한 앎의 인식과정과 같다. 분노가 일어나면 자애(慈愛) 명상[21]을 통해 이를 제거해야 한다.

해태는 몸의 게으름을 뜻하고, 하품은 몸의 늘어짐을 뜻하고, 식곤증은 식사 후에 오는 피곤함을 뜻한다. 혼침, 즉 마음의 가라앉음은 마음의 무기력함을 뜻한다. 이들 나른함 등에 대해서 지혜롭지 못한 주의를 많이 짓기 때문에 해태와 혼침이 일어난다. 이들 나른함 등에 관한 사띠의 5단계 과정은 감각적 욕망에 대한 분명한 앎의 인식과정과 같다.

「불의 경(SN 46:53)」에서 이르길, 마음이 침체되었을 때에는 일곱 가지 깨달음의 인자를 닦아야 하는데, 그 중에서 택법각지, 정진각지, 희각지를 닦아야 그 침체된 마음을 고양시킬 수 있다고 가르친다. 반면에 마음이 들떠 있을 때에는 경안각지, 정각지, 사각지를 닦으면 적당하다고 가르친다.

마음이 고요하지 못한 것에 대해 지혜롭지 못한 주의를 기울이는 자에게 흥분[들뜸]과 회한[후회]이 일어난다. 마음이 고요하지 못한 것에 관한 사띠의 5단계 과정은 감각적 욕망에 대한 분명한 앎의 인식과정과 같다. 삼매라고 불리는 마음의 고요함에 대해 지혜로운 주의를 통해서 들뜸과 후회를 제거한다.

내 안에 회의적 의심이 있을 때, '내게 의심이 있다.'라고 분명히 알고, 의심이 없을 때 '내게 의심이 없다.'라고 분명히 안다. 또한 전에 없던 의심이 어떻게 일어나는지, 일어난 의심이 어떻게 제거되는지를 분명히 안다. 내 안에 의심의 생멸 등에 관한 사띠의 5단계 과정은 감각적 욕망에 대한 분명한 앎의 인식과정과 같다. 유익한 법[善法] 등에 대한 지혜로운 주의를 기울여서 의심을 제거한다.

서너 시간의 명상을 통해 범부(Puthujjana)가 성취할 수 있는 경지는 장애의 일시적인 정지 또는 부분적인 약화 정도가 고작이다. 근본적으로 다섯 가지 장애를 제거하기 위한 가장 적절한 처방은 다음에서 설명하는 일곱 가지 깨달음의 인자, 즉 칠각지를 닦아야 한다. 왜 그러냐 하면, 다섯 가지의 장애의 완전한 제거는 칠각지를 통한 성자의 단계에 들어서야만 가능하기 때문이다. 이를테면, 회한과 의심은 예류도(수다원도)에서, 감각적 욕망과 악의는 불환도(아나함도)에서, 해태와 혼침, 그리고 들뜸은 아라한도에서 완전히 제거된다고 말해지기 때문이다.

○ ● ○

이와 같이 안으로 법에서 법을 관찰한다. 혹은 밖으로 법에서 법을 관찰한다. 혹은 안팎으로 법에서 법을 관찰한다. 혹은 법에 대해 일어남의 현상을 관찰하거나 법에 대해 사라짐의 현상을 관찰하거나, 법에 대해 일어나기도 하고 사라지기도 하는 현상을 관찰한다. 단지 수행자에게는 '법[五蓋]이 있구나.'

라고 사띠를 잘 확립한다. 이제 수행자는 갈애와 견해에 의지
하지 않고, 세상의 어느 것에도 집착하지 않는다[法隨觀].

내 마음 속에서 어떤 한 가지 장애가 일어나는 것을 즉각적으로 사
띠[念]하는 것은 간단한 작업이면서도 이들 장애와 그 밖의 정신적
오염에 대처할 수 있는 매우 효과적인 방법이다. 이렇게 사띠 수행
을 지속적으로 행함으로써 계속되는 해로운 생각들에 대하여 제동
을 걸 수 있고, 이것들의 재발을 감시하는 마음도 계발될 수 있다.

●

마음속의 도적떼[五取蘊]

비구(bhikkhu)라는 말에는 두 가지 뜻이 있다. 그 하나는 탁발하는
자라는 뜻이고, 그 둘은 윤회의 세계, 즉 집착의 세계에서 위험을
반조한다는 뜻이다. 출가자든 재가자든, 성자의 반열에 오르지 못
한 범부로서는 감각대상이 자신의 여섯 감관에 부딪쳐 갈애와 욕
망·성냄·어리석음 등을 일으켜서 청정한 마음을 오염시키고 있음
에도 이를 확실하게 제압하지 못한다.

나를 해치고 파괴하는 진짜 도적[賊]이 내 바깥에 있지 않고 내
안의 오취온[五取蘊]이라면 범부들은 이를 곧이곧대로 수긍하지 않을
것이다. 존재의 취착이 남아있는 한 이생에서 다음 생으로 옮겨가

야 하고, 그 취착이란 나라는 존재[五蘊]를 꽉 붙잡고 있는 탐욕과 성냄과 어리석음으로 표현되는 삼독심(三毒心)이므로 비유컨대 마음의 도적떼라고 말하는 것이다. 죽으면 오온이 흩어지나 (업 형성력에 의해) 생명이 있는 존재로 태어나면 오온이 뭉쳐진다. 이것을 오취온(五取蘊)이라고 부른다. 결국 존재란 오온이 뭉쳐진 생명체라는 뜻이다.

무엇이 나의 참모습[眞面目]을 해치고 파괴하는 다섯 가지 도적인가? 그 첫째가 몸[色蘊]이다. 이 몸은 병과 고통의 먹이가 된다. 자연적인 노화와 체력의 쇠퇴함으로 인하여 육체적 고통을 느낀다. 그 둘째가 감각 느낌[受蘊]이다. 수행 전까지 나는 고락(苦樂)의 느낌을 자신과 동일시함으로써 괴로움을 당해 왔다. 그 셋째는 인식, 즉 『금강경』에서 말하는 사상(四相) 내지 관념, 그리고 개념을 통칭하는 낱말인 상온[想蘊]이다. 수행 전까지 내가 인식하고 기억한 것을 자신과 동일시함으로써 탐욕과 성냄과 어리석음에 놀아났다. 그 넷째는 의도적 형성[行蘊, 業]이다. 수행함으로써 이와 같은 업력(業力)이 끊임없는 연속선상에서 다음 생을 조건 지어 나가는 현생의 에너지라는 사실을 비로소 알게 되었다. 그 다섯째는 왕(王)으로서 대신(大臣)들인 느낌·인식·의도 등을 거느리는 의식[行蘊]이다. 식(識)은 '알음알이'로 풀이할 수 있는데 이는 대상을 알아차리는 기능을 수행한다. 우리의 눈[眼]이 가시적 대상[색깔·형상 등]과 마주치게 되더라도 알지 못하면 그 대상을 의식하지 못한다. 그런 이유로 식(識) 역시 조건 지어진 것이며 그래서 변하게 마련이다.

　따라서 그것은 불변의 영혼이 아니며 또한 물질과 대립하는 정신도 아닐뿐더러 더더욱 물질의 소산이나 물질이 변해서 이루어진 것도 아니다. 필자는 식(識)의 개념에 대한 부처님의 가르침을 받아들이기 전까지 이 식(識)이 불멸의 영혼으로서 비록 지·수·화·풍의 4대로 구성된 육신이 죽더라도 다음 생으로 개인의 정체성을 유지시켜 주는 진아(眞我)로서의 자아를 인정하는, 즉 영원주의[常見]라는 사견(邪見)을 갖고 있었다. 부처님 당대에도 항구 불변하는 자아나 영혼이라는 형태의 식(識)이 사람 속에 내재하여 일생을 지속하고 죽음으로써 한 생에서 다른 생으로 전생하여 삶을 함께 묶는 것으로 많은 사람들이 생각했다.

　필자는 「갈애의 부숨에 대한 큰 경(MN 38)」에서 그 생생한 사례를 확인했다. 싸띠(SATI)라는 이름을 가진 부처님의 직계제자인 한 비구도 위와 같은 견해를 가지고 있었다.

○ ● ○

　'싸띠'가 부처님께 이렇게 자신의 견해를 말씀드렸다.

　"부처님께서 가르치시는 법을 내가 이해하기로는 계속 운항하며 지속하는 것, 생을 전전하며 거듭 태어나고 있는 것은 똑같은 식(識)입니다."라고.

　부처님께서 싸띠에게 물었다. "싸띠여, 네가 말하는 그 식(識)이란 무엇이냐?" 싸띠는 "그것은 욕구를 표현하고 선하

거나 불선한 행위의 결과를 때로는 여기서, 때로는 저기서 느
끼고 경험하는 주체입니다.”라고 대답하였다.

부처님께서는 싸띠에게 조건을 떠나서는 어떤 식(識)도 생겨날 수
없다는 것, 다시 말하면 식은 조건에 의지하여 생기는 것이며 식은
모든 정신적 활동의 배후에 있는 행위의 주체가 아님을 가르쳐서
그 제자의 사견(邪見)을 바로잡게 하셨다.

　현재의 육체[色]와 정신[受·想·行·識], 즉 오온(五蘊)은 어떤 절대
자나 신(神)에 의해서가 아니라, 조건에 의해 일어났다가 사라진다
는 것이 부처님께서 가르친 연기법이다. 이 연기적 관점에서 보면,
식(識)이 존재의 형성과정[再有]에서 얼마나 중요한 역할을 하는지 알
수가 있다. ‘행(行)에 연(緣)하여 식(識)이 있다.’는 연기법에서 식(識)은
지금 현재의 존재와 관계있는 최초의 요인 내지 최초의 조건을 짓
는 고리 역할을 한다는 것이다.

　이에 반하여 상카라[saṅkhāra, 行]는 업(業)이라는 형태로 재생을
일으키는 원동력 구실을 한다. 사후(死後)에 한 개체 생명의 재생을
가져오는 것은 상카라 또는 업(業)의 형성력에 의해 조건 지어진 식
(識)이라는 것을 깨달을 때, 영원히 불변하는 자아나 영혼이라는 형
태로서의 식(識)이 있다는 사견에서 벗어날 수 있다. 아비담마에 따
르면, 죽음의 최후 순간에 생애의 단 한 번뿐인 죽음의 마음[死識]이
일어나고, 그 식이 사라지면 곧바로 그 식에 의해서 조건 지어진 금

생의 첫 순간의 식(識)이 생겨나는데, 이 식(識)을 재생연결식[pati-sandhi viññāna]이라 부른다. 재생의 순간에 이것이 있기 때문에 새로운 존재는 바로 그 직전의 존재와 연관을 갖게 된다고 말한다. 「동요 없는 경지를 향한 경(MN 106)」에서 필자가 확인한 바로는 한 생에서 다음 생으로 이숙(異熟)하며 나아가는 식(識)이 바로 재생연결식인데, 이 식(識)은 강물의 흐름에 비유할 수 있을지언정, 그렇다고 해서 존재의 순환을 줄곧 같은 상태로 부서지지 않고 지속시키는 상주불변의 동일체가 아니라는 게 세존의 가르침이다.

아비담마에 따르면, 세간적인 마음 81가지(욕계 54, 색계 15, 무색계 12)와 출세간의 마음 8가지를 합한 89가지 마음을 식온(識蘊)에 포함한다. 그밖에 52가지 마음부수로 분류하고 있는데, 그 가운데 느낌은 수온(受蘊), 지각은 상온(想蘊)이고, 나머지 50가지 마음부수는 행온(行蘊)에 포함한다. 마음과 마음부수를 함께 정신이라 부르지만 4가지로 크게 나눌 때는 수온·상온·행온·식온이다. 필자도 이 89가지 마음과 52가지 마음부수를 배워 익히는 것이 매우 힘들어서 이를 수관(隨觀)하지 못하고 있다.

색온(色蘊)은 물질의 다발(또는 무더기)로서 물질의 불가분의 집합을 말하는데, 전통적으로 지·수·화·풍 4대와 그 유도물질을 말한다. 유도물질에는 육근(六根)과 이에 대응하는 육경(六境)이 포함된다.

주석서에는 14가지 신념처(身念處) 가운데, 호흡에 대한 사띠[出入

息念]와 육체에 대해 싫어하는 마음을 일으킴[厭逆作意]의 두 가지만이 (초선정에서 사선정에 이르는) 근본삼매의 수행주제이고, 나머지 행주좌와(行住坐臥)에 대한 사띠와 분명한 앎[正知]을 지니고 행동하는 것, 지·수·화·풍의 사대(四大)에 대한 관찰, 아홉 가지 묘지에서의 관찰 등의 열두 가지는 근접삼매 또는 찰나삼매의 수행주제(upac rakamma hanani)라고 분류하고 있다.

필자는 이 책에서 호흡(들숨날숨)에 대한 사띠[念]만을 다루고 있다. 왜 그러냐 하면 부처님께서 들숨날숨이라는 것은 몸들 가운데서 '한 가지 형태의 몸'이라고 말씀하셨고, 또 주석서에서는 그 한 가지란 지·수·화·풍의 4대 가운데 바람의 몸[風身]을 뜻한다고 설하고 있어서 들숨날숨을 관찰하는 것이 몸에서 몸을 관찰하는 것과 같다고 보기 때문이다. 잠시 초기경전에 새겨진 몸에 대한 부정관(不淨觀) 명상의 역(逆)기능의 사례를 살펴보면 이렇다.

∘ • ∘

세존께서 비구들에게 부정관을 행하도록 권장하셨다. 세존께서 한 때 보름 동안 홀로 앉아서 명상한 후 출정(出定)하여 부정관 명상을 행하던 비구들의 무리가 감소한 것을 알고, 시자(侍者)인 아난다 장로에게 그 이유를 물었다. 아난다 장로는 부정관 명상에 참여한 비구들이 이 몸을 수치스럽고 부끄럽고 혐오스러워하여 60명의 비구가 자결하였다고 세존께 아뢰었다. 세존께서 그 사연을 듣고 들숨날숨에 대한 사띠를 하도록 설하시고, 호흡에 대한 사띠의 맛을 본 비구들은 고요하고 수승한 감로의 맛을 보고 악하고 불건전한 현상이 생겨날 때마다 즉시 그것을 사라지게 하고 그치게 하는 이익을 얻게 될 것이라고 가르치셨다.

- 「웨살리 경(SN54:9)」 참조

수온(受蘊)은 느낌의 다발로서, 육문(六門)의 감각기관이 외부 세계와의 접촉을 통해서 경험하는 즐겁거나 괴로운 느낌, 즐겁지도 괴롭지도 않은 정신적·육체적 느낌을 포함한다. 형상 또는 가시적 대상을 보거나, 소리를 듣거나, 냄새를 맡거나, 맛을 보거나, 만져지는 것에 닿거나, 정신적 대상(관념·과거의 기억 등)을 인식함으로 인해 우리는 느낌을 경험하게 된다.

상온(想蘊)은 지각의 다발로서, 이것은 지각의 집합을 뜻하며 개념적인 파악을 의미한다. 예컨대, 책상이 있다면 그것을 책상이라고 인식하는 것을 말한다. 지각의 인식과정은 느낌과 마찬가지로 여섯 감관의 접촉을 통해 일어났다가 사라진다. 식(識)이 어떤 대상을 알아차리면 거의 동시에 상(想)은 그 대상의 특징적 표지를 찾아내어 그들을 다른 대상과 구별하는 기능을 수행한다. 인식[想]은 때때로 우리를 속이기도 한다는 사실을 유념할 필요가 있다. 내 선입견, 집착과 혐오, 좋아하고 싫어함 때문에 여섯 감관과 그 대상을 있는 그대로의 객관적 성질대로 보지 못하고 신기루와 허상을 쫓게 되는 상전도(想顚倒)의 심리상태를 낳게 한다.

○ ● ○

‘각묵’ 스님의 표현에 의하면, 산냐(saññā, 想)라 함은 대상을 받아들여 개념(notion) 작용을 일으키고 이름 붙이는(naming) 작용으로 이해한다. ‘각묵’ 스님은 ‘구마라집’이 금강경 번역을 하면서 ‘산냐’의 일반적인 한문 역어인 생각 상(想)으로 옮기지 않고 (‘현장’ 법사는 모두 想으로 옮김) 모양 상(相)으로 번역했다고 말하면서, ‘구마라집’은 단순히 인식하고 생각하고 상상하고 마음을 궁글리고 하는 차원을 넘어서서 마음에 어떤 모양[相]을 굳게 그리고 만들어 가지고 있는 상태를 ‘산냐’로 파악한 것으로 해석한다. 혹은 마음에 굳게 그리거나 만들어 가지고 있는 것을 이념, 이상(理想), 관념, 고정관념 등으로 부를 수도 있다. 개개인이 사물을 인식하고 이름 붙이고 그것을 기반으로 생각을 펼쳐나갈 때 ‘산냐’가 없다면 현상을 알아차릴 수 없게 되므로 ‘산냐’는 그 나름대로의 유용성이 있다는 입장이라 할 수 있다.

우리는 일상에서 자기의 관점에서 대상에 대한 어떤 생각 또는 인식을 갖게 된다. 항상 자기 위주로 생각하고 인식하기 때문에 마음

내 선입견, 집착과 혐오, 좋아하고 싫어함 때문에
여섯 감관과 그 대상을 있는 그대로의 객관적 성질대로 보지 못하고
신기루와 허상을 쫓게 되는 상전도(想顚倒)의 심리상태를 낳게 한다.

이 대상을 인식할 때 제 분수대로 번뇌 망상의 마음을 내고, 마음속에 관념·이념·인식 등의 상[相]을 세울 수밖에 없다. 그런데 문제는 그런 전도된 인식이 집착으로 발전하면 사견(邪見)으로 자리 잡게 되고, 마침내는 견해의 그물에 걸려버려 생사윤회의 원인인 갈애와 무명을 소진시키지 못해서 마치 그물에 걸린 물고기처럼 세세생생 생사의 그물에서 퍼덕거리는 꼴이 되고 말 것이다. 이런 전도망상을 버리기 위해서 필자는 사띠 명상을 하고 있다.

행온(行蘊)은 형성(形成)의 다발로서, 이것은 신체적·언어적·정신적 형성의 집합을 뜻한다. 이를테면, 호흡은 신체적 형성의 하나이고, 사유와 숙고는 언어적 형성의 하나이며, 지각과 느낌은 넓은 의미에서 정신적 형성으로 분류한다.

여기에 선악과 같은 의도적 행위가 개입하게 되면 업(業)이 생겨난다. 반면에 느낌과 지각은 의도적 형성이 아니므로 그것들은 업보를 가져오지 않는다. 구체적으로 말하면 믿음·숙고·의욕·해석·집중·지혜·정진·탐욕·성냄·무명(無明)·견취(見取) 등은 의도적 형성력(volitional formations)이다. 여섯 감관이 내·외부 세계와의 접촉을 통해 느낌과 지각이 일어나는데, 이것들은 형성[行蘊]의 조건인자가 되어 의식의 정신적 동반자(마음부수)로서, 착하고 건전하거나 또는 악하고 불건전한 모든 정신적 형성을 낳게 한다. 다시 말하면 상카라[行]는 원인과 조건들의 영향으로 존재하게 되고, 다시 그 스스로 원인과 조건으로 작용하여 또 다른 결과를 일으키고 있다는 점에서 정신영역에서 결정적 역할을 한다. 즉 상카라[行]는 다음 생에서 새 인격을 좌우하는 바로 그 부분의 식(識)을 결정짓는다.

우리의 생명체라는 것은 오온의 기능과 다름이 없으며, 달리 표현하면 에너지나 힘에 불과한 명색(名色)이 기능하고 있음에 불과하다. 몸과 마음의 에너지 또는 힘은 찰나 간에도 동일하게 지속하지 않으며, 그렇기 때문에 명과 색이 끊임없이 합류하면서 생명체가 연속하고 있지만 거기에는 영원불변의 마음이란 찾아볼 수가 없다.

이런 명색의 합류현상은 죽음으로써 없어지는 것이 아니라 다만 변화를 겪는 것에 불과하다. 내생의 자궁 속에서 명(名)의 정신적 에너지와 색(色)의 물리적 에너지의 만남은 새로운 조건 속에서 다시 자리 잡고 또다른 모습, 형태를 갖추는 것뿐이다. 비록 내 자신이 이생을 떠나 내생에 다른 곳에서 태어난다고 하더라도 같은 사람도 아니고 그렇다고 전혀 다른 사람도 아니다[不一不二]. 필자가 사마타와 위빠사나 명상을 쌍(雙)으로 닦고 있는 이유도 따지고 보면 이런 존재의 실상을 있는 그대로 보기 위함이다. 그래서 필자는 다음의 게송(偈頌)을 즐겨 외우고 있다.

○ ● ○

과보(果報)에 업(業)이 없고, 업에 과보가 없어

그 둘은 각각 공(空)하지만 업이 없이는 과보가 없다.

업에 의지하여 업으로부터 과보가 생길 뿐,

신(神)도 없고 범천도 없고 윤회를 만드는 자도 없다.

오직 원인과 조건에 따라 순수한 법, 즉 명색이 일어날 뿐이다.

어느 한 법[명색]도 과거 생으로부터 이생으로,

혹은 이생으로부터 내생으로 옮겨지지 않는다.

식온(識蘊)은 의식의 다발로서, 이것은 의식의 집합을 뜻하는데, 이미 마음에 대한 사띠[心念處]에서 충분히 설명했기 때문에 중복을 피하기 위해 생략한다.

들숨날숨[아나빠나]과 몸[色身]은 물질이고, 마음과 또 마음과 함께한 법들[마음부수]은 정신이라고 구분한다. 몸이 어떤 자세(行住坐臥)를 취하고 있든 그 자세대로 분명히 알아차린다. 개념으로서의 중생, 인간, 남자, 여자의 각 몸을 사띠하는 것이 아니라 지·수·화·풍의 4대 근본물질로 구성된 몸을 관찰한다.

내 몸의 발바닥에서부터 머리털까지 이 몸은 살갗으로 둘러싸여 있고 32가지의 부정한 것으로 가득 차 있음을 사띠한다. 뼈와 힘줄, 살과 피부에 의해 공간으로 둘러싸여 있을 때 그것은 형상이라는 명칭을 가진다. 이 몸 가운데 딱딱한 특징을 가진 것은 땅의 요소이고, 점착의 특징을 가진 것은 물의 요소이고, 익히는 특징을 가진 것은 불의 요소이고, 팽창의 특징을 가진 것은 바람의 요소라고 분명히 알아차린다.

몸에 대해 이와 같이 방일하지 않고 사띠를 하고 있으면, 마음은 안으로 안정되고 고요해지고 전일해져 삼매를 이루게 되고, 이 선정의 바탕 위에 물질은 그것이 과거의 것이든 미래의 것이든 현재의 것이든 부서진다는 뜻에서 무상하고, 두렵다는 뜻에서 괴로움이며, 고갱이가 없다는 뜻에서 무아라는 통찰지가 생겨난다.

우리의 느낌[受]이 (정서적인 의도로서의) 상카라의 조건이 되는 것이라면, 지각[想, 산냐]은 (지적 사고 작용으로서의) 상카라의 토대가 된다. 우리의 생명현상이 계속되는 한 인식과 느낌[想과 受]은 수많은 상카라[行]를 야기시키기도 하고, 반면에 상카라가 인식과 느낌에 반작용과 반응을 일으키는 경우가 허다하다. 따라서 신·구·의 3업(業)을 짓는 이 '상카라'를 길들이고 소멸시키는 것이야말로 수행자가 닦아야 할 도(道)이다.

○ ● ○

수보리 존자가 "발심한 보살은 어떻게 수행해야 합니까?"라고 세존께 여쭙는다. 세존께서 "산냐[想]를 세우지 말라."고 설하셨다.

상카라의 원인과 조건으로 작용하는 산냐[想]에 대한 '각묵' 스님의 강론●22)을 되새겨보자. '각묵' 스님은 "금강경은 대승불교 경전군 가운데서 가장 초기불교적 향기가 많이 풍기는 경으로 수따니빠따 4장의 가르침과 같은 선상에 있다."고 설한다. 또한 금강경의 대의

○
169

(大義)는 '산냐'를 척파하고 '산냐'를 극복하는 것임을 강조한다.

범부중생의 사량분별(思量分別)의 근저에는 이 '산냐'가 있다. 매 순간마다 출렁대는 세속적인 인식[想]만이 아니라, 적어도 수행을 통해서 실현되는 초선정에서 사선정까지의 삼매 경지에서도 극복해야 할 고상한 산냐(sukhuma-saññā)도 있다. 삼매에서 생긴 희열과 행복, 또는 평온에 기인한 행복이 바로 그것이다.[23]

그렇다. 출가 수행자이건 재가 수행자이건 삼매를 얻었다고, 또는 도(道)와 과(果)를 얻었다고 수행에 관한 무용담을 늘어놓으면서 허풍과 너스레를 떠는 것 자체가 '산냐'를 극복하지 못했다는 것을 스스로 드러내는 꼴이다.

필자는 대학에서 법률공부를 했고, 변호사로서 20여 년간 사회활동을 하면서 인습적으로 형성된 리걸(legal) 마인드(mind)를 깔고, 늘 사회현상에 대하여 시비분별의 잣대를 적용하여 왔기 때문에 일상생활에서도 비슷한 정서 또는 정신활동을 드러냈다. 그런데 초기경전 공부를 시작하면서 자기를 해체해서 보는 안목이 생겨났다. 내가 과거에 가졌던 인식 또는 견해가 오로지 진실이었다는 나의 믿음이 무너져 내리기 시작했다. 현재의 그것들, 또는 미래의 그것들조차도 나의 것이 아니라는 생각이 떠올랐다. 숲속에 들어가서 전체 숲을 볼 수 없듯이, 필자도 우리가 사는 이 욕계 세상에서 나와서 그 세상의 현상들을 시비분별의 잣대를 들이대지 않고 있는 그대로 지켜보기 시작했다. 이와 같이 한 발 물러서서 지켜보는 힘이 생겨난 것은 고요한 숲속의 한거(閑居)와 소욕지족(少欲知足)의 생활에다가 소금과 같은 역할을 하는 사띠빠타나 수행이 뒷받침됐기 때문이라고 생각한다.

∘ • ∘

　　『청정도론』에 이르기를, '상카라'는 항상 새롭게 나타난다. 항상 새로울 뿐만 아니라 잠시만 머문다. 마치 태양이 떠오를 때 이슬방울처럼, 물거품처럼, 물 위에 그은 선처럼, 송곳 끝에 놓인 겨자씨처럼, 번갯불처럼, 그들은 또 고갱이가 없이 나타난다. 마치 마술과 같고, 환(幻)과 같고, 꿈과 같고, 돌리는 횃불의 바퀴와 같고, 포말과 같고, 파초와 같이 일어나고 사라진다고 설하였다.

이와 같이 '상카라'의 일어남이라는 조건을 꿰뚫어 보고, '상카라'의 변하는 특징을 보고, '상카라'의 사라짐을 보기 위해서 필자는 명상을 선택하였고, 이를 체험으로 알기 위해 나름대로 열심히 수행을 하고 있다.

안과 밖의 여섯 가지 감각장소[六內外處]

일체 중생은 매 찰나 대상과의 연기적 관계 속에서 살아간다. 그 대상은 크게 물질적인 대상과 정신적인 영역으로 나눌 수 있다. 외부의 물질적인 대상과의 접촉은 눈·귀·코·혀·몸을 통해서 하게 된다. 그러므로 눈·귀·코·혀·몸은 각각 형상(또는 색깔)·소리·냄새·맛·감촉이라는 대상을 만나는 문(門)이 된다. 눈과 형상의 만남이 일어나는 곳을 초기불교에서는 감각장소[處]라고 한다. 그리고 이런 감각장소는 눈에 보는 기능이 있고, 귀에 듣는 기능이 있듯이 5문의 각각에 고유한 기능 혹은 능력을 가지고 있다는 점에서 감각기능[根]이라고 부르기도 한다.

한편 내부의 정신적 영역을 관장하는 문, 감각장소, 감각기능은 마노[意]이다. 따라서 안·이·비·설·신·의(眼耳鼻舌身意)의 육내입처(六內入處)는 기능 또는 역할 측면에서 육근(六根)이라 부른다. 또한 색·성·향·미·촉·법(色聲香味觸法)의 육외입처(六外入處)는 육근의 대상이 된다는 측면에서 육경(六境)으로 부른다.

아비담마에서는 십팔계(十八界)를 이 세상으로 본다. 육근과 육경의 접촉을 통해 육식(六識)이 발생하게 되는데, 우리 앞에서 드러난 세상이라는 것은 바로 이 육근-육경-육식의 삼사화합(三事和合)을 통해 드러난 것일 뿐이다.

사람들은 내 앞의 세상이 있어서 나는 그 세상을 있는 그대로 본다고 생각하고, 내가 세상을 그렇게 이해하여 받아들인다고 생각하지 않는다. 예컨대, 우리는 개가 '멍멍' 짓는다고 여기지만 그 개소리는 단지 우리가 경험적으로 알고 있는 개소리일 뿐이고, 미국인들은 같은 개소리를 '와우와우' 짓는다고 여긴다. 이와 같이 하나의 사물, 대상을 놓고서 사람마다 보는 관점이 다르다는 것이다. 여기서 하나의 대상에 대한 개개인의 인식작용이 다르고 그래서 각자가 세상을 달리 보고 이해하고 있다는 명제가 성립된다.

『금강경』에서 부처님께서 거듭해서 강조하신 교설은, 존재의 실상을 그대로 관(觀)하려면, 개개인마다 위와 같이 따로따로 사량(思量) 분별(分別)을 일으키는 산냐(sañña, 인식)를 버리고 떠나보내야 한다는 것이다.

부처님 재세 시에 고대 인도에서도 자아와 세상은 영원한지, 아니면 단멸하는 것인지에 대해 여러 가지 담론(談論)이 무성했다. 이를테면, 영속론자, 비(非)영속론자, 세상의 유한함과 무한함을 설하는 자, 그 중간자, 애매모호한 자, 우연 발생론자, 사후에 자아가 인식과 함께 존재한다고 설하거나 인식 없이 존재한다고 설하는 자, 단멸론자 등 62가지 견해가 난무했다.

부처님께서는 과거와 미래에 대한 62가지 견해는 자기 자신이 바로 지금 여기에서 경험하고 체득하여 느낀 것을 넘어서지 못한다고 가르치셨다. 다시 말하면 갈애에 빠져 있는 사문과 바라문들의 느낌 자체가 견해와 갈애에 의해 동요된 것뿐이라고 설파하셨다. 그들이 갖고 있는 62견(見)은 고정불변의 것이 아니라 모두 조건에 따라 생긴 것임을 강조하시면서 견해의 그물을 뚫고 나오는 구체적인 방법으로 연기법을 천명하셨다. 요컨대 존재론적 실체로서의 자아를 천명하는 모든 사상이나 종교는 이런 62견(見)에 걸려 있고, 이런 견해 모두 근(根)—경(境)—식(識)의 삼사 화합[三事和合]이라는 감각접촉에 기인한 것이고, 그리고 그 감각접촉이 '느낌→갈애→취착→존재→생→노사'로 전개되어 간다는 연기를 꿰뚫어 알 때 견해의 그물을 뚫고 나올 수 있다고 가르치셨다.

○ • ○

『범망경(梵網經, D1)』에서 세존께서는 사문과 바라문들이 18가지 경우로 과거를 모색하고, 과거에 대한 견해를 가지고, 과거에 대한 여러 가지 교리를 단언하는 것, 혹은 44가지 경우로 미래를 모색하고, 미래에 대한 견해를 가지고, 미래에 대한 여러 가지 교리를 단언하는 것은 모두 단지 감각접촉[觸]을 조건으로 한 것이라고 설하시고 계시다.

부처님께서 비구들에게 "과거를 되새기지 말고 미래를 바라지 마라. 과거는 버려졌고 미래는 닥치지 않았다. 현재에 일어나는 담마[법]를 바로 여기서 통찰하라."고 천명하셨다. 이 가르침은 지금 여기 찰나 생(生), 찰나 멸(滅)하는 제법(諸法)의 연기를 통찰하라는 뜻이다. '임제' 선사께서 "바로 지금 여기일 뿐 별다른 시절이 없다[卽時現今 更無時節]."라고 법문하신 것도 같은 맥락이다.

∘ • ∘

「깟짜야나 경(SN 12:15)」에서 세존께서는 통찰지를 지닌 자는 상견(常見)과 단견(斷見)을 모두 떠나서 "일어나는 것은 오로지 괴로움이 일어나는 것이고, 사라지는 것은 오로지 괴로움이 사라지는 것이다."라고 관찰한다고 강조하셨다.

『청정도론』에 이르기를, 모든 형성된 감각장소[六內外處]는 오는 것도 아니고 가는 것도 아니라고 본다. 그들은 과거와 미래의 중간에 조건을 의지하여 존재하므로 어느 누구의 제어도 없이 일어난다. 다른 법들의 영향 아래 존재하고, 다른 법들의 조건으로부터 생기고, 다른 법들의 대상으로부터 일어난다. 이들은 다른 법들의 대상과 조건으로부터 생긴다. 어느 한 법도 과거생으로부터 이생으로, 혹은 이생으로부터 내생으로 옮겨가지 않는다. 그렇지만 과거생의 무더기[蘊], 감각장소[處], 요소[界]를 조건으로 금생의 무더기, 감각장소, 요소가 혹은 금생의 무더기, 감각장소, 요소를 조건으로 내생의 그것들이 생겨나지 않는 것은 아니다.

초기경전에서는 12가지 감각장소[十二處]도 예외 없이 연기적 존재이고 조건발생이고 연이생(緣以生)이다. 즉 무아(無我), 비어 있다고 본다.

그런데 '유부(有部)학파'는 외계대상, 즉 육경(六境)이 존재한다는 입장이고, '중관(中觀)학파'는 12가지 감각장소를 포함한 일체가 공(空)하다는 입장에 있다. 한편 요가를 실천하는 학파라는 뜻에서 불러지는 '유가행파(瑜伽行派)'의 영상관법에서는 자아와 세계가 실재하지 않고, 오직 영상[표상, vijñapti]으로서만 존재한다고 주장한다. 『성유식론』에서 보살이 선정, 삼매상태에서 관찰하는 것은 '영상'이고, '영상은 오직 마음일 뿐[觀影唯示心]'임을 강조하고 있다. 그래서 외적 대상[六境]만이 아니라 그 대상을 인식하는 주체도 모두 존재하지 않음을 알게 되어서 마침내 '얻는 바 없음'의 무루과(無漏果)의 경지에 도달하게 된다.

'인경' 스님의 표현을 빌면, 이런 도(道)와 과(果)의 경지는 『육조단경』에서 거울의 비유를 통해 거울에 비친 상이나 그것을 비추는 거울이나 본래 존재하지 않아서 먼지(번뇌)가 쌓이지 않고 닦아야 할 한 물건[一物]도 없음을 말하는 것과 같다.

『청정도론』에 이르기를, 안의 감각장소[六內入處]는 사람이 살지 않는 마을과 같다고 본다. 왜냐하면 거기에는 상(常)-정(淨)-낙(樂)-아(我)가 없기 때문이다. 밖의 감각장소[六外入處]는 마을을 약탈하는 강도처럼 본다. 왜냐하면 그들 각각에 해당하는 안의 감각장소들을 파괴시키기 때문이다.

존재로서의 태어남[生], 머묾[住], 죽음[滅]의 과정은 어떤 절대자나 신(神)의 의지에 의한 것이 아니라, 정신과 물질의 상호 연기(緣起, 조건적 발생의 법칙)에 불과하고 이를 지배할 수 있는 실체가 없다는 진리를 체득하기 위해서, 필자는 명상수행을 하고 있다. 필자는 여섯 가지 안팎의 감각장소의 법[12처]에서 법을 관찰한다. 눈[眼]과 형상[色]을 꿰뚫어 안다. 이 둘을 조건으로[緣] 일어난 족쇄(결박)도 꿰뚫어 안다.

그러면 어떻게 그 족쇄가 일어나는가? ① 눈의 감성에 나타난 원하는 대상을 감각적 욕망의 달콤함을 통해서 그것을 맛보고 즐길 때 나에게 감각적 욕망의 족쇄가 일어난다. ② 원하지 않는 대상을 보고 증오할 때, 나에게 적의의 족쇄가 일어난다. ③ '나를 제외하고 다른 누가 이 대상을 분별할 수 있단 말인가.'라고 생각할 때 나에게 자만의 족쇄가 일어난다. ④ '이 형상은 항상하고 견고하다.'라고 움켜 쥘 때 나에게 사견(邪見)의 족쇄가 일어난다. ⑤ '이 형상은 참으로 중생인가, 아니면 중생의 것인가?'라고 의심할 때 나에게 의심의 족쇄가 일어난다. ⑥ '이것은 번영하는 존재에서 쉽게 얻어질 것이다.'라고 존재를 원할 때 나에게 존재에 대한 욕망의 족쇄가 일어난다. ⑦ '미래에도 이런 계율과 의식을 받들어 행할 수가 있기를'이라고 계율과 의식을 받들 때, 나에게 계율과 의식에 대한 집착의 족쇄가 일어난다. ⑧ '오! 참으로 이 형상을 다른 사람들은 얻지 못하기를'이라고 시샘할 때 나에게 질투의 족쇄가 일어난다. ⑨ 자신이 얻은 형상으로 남에게 인색하게 굴 때 나에게 인색의 족쇄가 일어난다. ⑩ 이 모든 것과 함께 생긴 무지함을 통해서 무명의 족쇄가 일어난다.

또한 전에 없었던 족쇄가 어떻게 일어나는지 꿰뚫어 알고, 이미 일어난 족쇄가 어떻게 제거되는지 꿰뚫어 알며, 어떻게 하면 제거된 족쇄가 앞으로 다시 일어나지 않는지 꿰뚫어 안다.

∘ • ∘

위 ④⑤⑦⑧⑨의 족쇄는 예류도를 얻음에 의해서 미래에는 다시 일어나지 않는다. ①②의 족쇄는 '일래도'에 의해서, 미세한 것은 불환도에 의해서, ③⑥⑩의 족쇄는 아라한도에 의해서 미래에 다시 일어나지 않는다.

–『아비담마 길라잡이』 7장 pp.10∼11 참조

귀와 소리를 꿰뚫어 안다. 코와 냄새를 꿰뚫어 안다. 혀와 맛을 꿰뚫어 안다. 몸과 감촉을 꿰뚫어 안다. 마노[意]와 법을 꿰뚫어 안다. 이 둘을 조건으로 일어난 족쇄도 꿰뚫어 안다. 전에 없던 족쇄가 어떻게 일어나는지 꿰뚫어 알고, 이미 일어난 족쇄가 어떻게 제거되는지 꿰뚫어 알며, 어떻게 하면 제거된 족쇄가 앞으로 다시 일어나지 않는지 꿰뚫어 안다.

필자는 이와 같이 안으로 법에서 법[12處]을 관찰하며 머물 때 세상에 대해서 아무 것도 움켜쥐지 않는다. 다시 말하면 자아가 있다거나 없다는 견해, 그리고 세상은 영속한다거나 단멸한다는 견해의 그물에서 벗어난다.

●

일곱 가지 깨달음의 인자[七覺支]

초기경전의 주석서에 의하면, 수행자가 오온(五蘊)에 대하여 파괴한다는 뜻에서 무상이고, 두렵다는 뜻에서 괴로움이고, 실체가 없다는 뜻에서 무아이다. 시간과 흐름, 찰나를 통해 명상을 할 때, 즉 위빠사나를 시작하는 그 때부터 수행자는 깨달음(sambodhi)을 얻게 된다고 말한다. 다음의 칠각지가 그 깨달음을 이끌어 주는 성격이 강하다는 측면에서 일곱 가지 깨달음의 인자(因子)라고 부른다. 깨달음의 일곱 가지 인자는 순차적으로 ① 염(念, sati)각지, ② 택법(擇法, dhammmavicaya)각지, ③ 정진(精進, viriya)각지, ④ 희(喜, piti)각지, ⑤ 경안(輕安, passddhi)각지, ⑥ 정(定, samādhi)각지, ⑦ 사(捨, upekkhā : 평온)각지로 구성된다. 이 일곱 각지는 팔정도 가운데 정(定)의 무더기[定蘊]에서 일어난다.

일곱 가지 깨달음의 인자를 닦는 방법에 대하여는 『쌍윳따니까야』 깨달음 인자의 모음(V권 제46)에서 상세하게 설하고 있다. 먼저 「계행의 경(SN 46:3)」에 의하면, 청정승가에게 보시를 하거나 질문을 하거나 가르침을 듣거나 존경을 표하면서 수행자들을 가까이 모셔야 한다. 소욕(少欲)·지족(知足)·한거(閑居)의 생활을 하면서 그 가르침을 기억하고 사유하게 되면 그 때 ①염각지가 생겨난다. 명상 대상인 신체, 느낌, 마음, 법에 대하여 염[念, sati]을 확립한다.

사띠빠타나 수행이 무르익게 되면 마음[識]이 착하고 건전한 상태와 악하고 불건전한 상태를 구별할 수 있는 단계로 승화된다. 그 때 ②택법각지가 생겨나서 악하고 불건전한 마음상태를 버리고 착하고 건전한 마음상태를 유지하기 위한 용맹정진을 유발한다. 이와 같이 택법각지를 닦으면서 그 가르침을 지혜로써 탐구하고, 조사하고, 관찰하면, 그 때 불퇴의 ③정진각지가 생겨나고, 이를 닦아서 완성한다. 이와 같이 정진각지를 닦으면서 그 가르침을 지혜로써 탐구하고, 조사하고, 관찰하면, 그 때 마음이 오염원으로부터 벗어나 청정해지면서 ④희각지가 생겨나고, 이를 닦아서 완성한다. 이와 같이 희각지를 닦으면서 그 가르침을 지혜로써 탐구하고, 조사하고, 관찰하면, 그 때 ⑤경안각지가 생겨나고, 이를 닦아서 완성한다. 수행자가 이와 같이 몸과 마음이 고요한 상태에서 행복해지고 마음이 전일(專一)해지면 그 때 ⑥정각지가 생겨나고, 이를 닦아서 완성한다. 이와 같이 마음이 삼매 상태에서 잘 성찰하면, 그 때 ⑦사각지가 생겨나고 이를 닦아서 완성한다.

첫 번째 깨달음의 인자는 사띠[正念]이다. 사띠는 자제력을 키우는 데 가장 효과적인 수행법이고 또한 『쌍윳따니까야』에서 이르길,

사띠 수행은 멀리 여읨에 기초하고, 사라짐에 기초하고, 소멸에 기초하여 완전히 버림으로써 열반으로 회향하는 것으로 천명한다.

필자는 수행하기 전까지 깨어서 생활하는 매 순간에 자신의 말과 몸, 그리고 마음으로 짓는 의도 또는 행위를 알아차리고 있지 않았다. 그런데 사띠 수행을 체험한 결과 자신의 행동을 충분히 알아차리고, 새기고 있을 때에만 선악(善惡)과 시비(是非)를 제대로 분별할 수 있었다. 사띠가 유지되어야만 자기 행위의 미추(美醜)를 볼 수 있다. 혹자(或者)는 말하길, 부처님의 생애는 그 자체가 한 폭의 사띠의 그림이라고 한다.

○ ● ○

『법구경』에 이르길, "사띠를 즐기고 방일을 두려워하는 사람은 결코 퇴전하지 않는다. 그 사람은 열반에 가까이 가 있다."라고 강조하고 있다.

「말룽끼야뿟따 경(SN 35:95)」에서 염(念)각지의 중요성에 대해 다음과 같이 강조하고 있다.

○ ● ○

"방일한 마음으로 형상을 보면(소리를 들으면-냄새를 맡으면-맛을 보면-감촉을 접촉하면-물심 현상을 보면) **매혹된 인상에 마음이 쏠려**

오염된 마음으로 그것을 경험하고 마침내 그것에 탐착하고
만다. 그래서 형상(소리·냄새·맛·감촉·물심현상)에서 생겨난 갖가
지 느낌들이 안에서 자라나 마음이 혼란하게 되어 탐욕과 분
노도 더불어 자라난다. 이와 같이 괴로움을 키운다면 그에게
열반은 멀다.”

“사띠를 확립하여 형상을 보면 형상들로 불타지 않고, 오염
되지 않는 마음으로 그것을 경험하고, 마침내 그것에 탐착하
지 않네. 그래서 형상을 보더라도 이렇게 사띠를 확립하고 지
내면 느낌을 경험하더라도 괴로움은 사라지고 자라나지 않
는다. 이와 같이 괴로움을 키우지 않는다면 그에게 열반은 가
깝다.”

두 번째의 깨달음의 인자는 택법(擇法)이다. 택법이라 함은, 사람이
나 신(神)의 세계를 형성하고 있는 모든 구성요소들의 진정한 성질
을 이해하는 날카로운 분석적 지식을 일컫는다. 그것은 모든 구성
물들을 궁극에 이르기까지 그 근본적 요소, 피상적인 모습 뒤에 가
려있는 진정한 본성을 분석해 들어가는 것이다.

　세 번째의 깨달음의 인자는 정진력(viriya)이다. 이것 역시 마음
부수의 하나로서 성스러운 팔정도(八正道)의 여섯 번째 항목이며 거
기서는 정정진(正精進)이라 불린다. 부처님의 생애를 살펴보면, 세존
께서는 도덕적·정신적 피로에 굴복한 적이 없었다는 것이 분명하

게 드러난다. 부처님께서는 자신이 인류의 죄를 대신 떠맡을 의지가 있고 또 그런 능력도 갖춘 구세주라고 자처하신 적이 없었다. 오히려 각자 자신이 저지른 악행의 과보를 스스로 져야 한다고 천명하셨다. 부처님께서는 해탈의 길을 드러내 보여 주신 분일 뿐, 계시종교 식으로 남들의 영혼을 구제하려 애쓰는 구세주가 아니다.

대반열반경에서 부처님께서는 "너희가 너희 자신의 등불이 되어라[自燈明]. 너희가 너희 자신의 의지처가 되라[自歸依]."고 말씀하셨다. 이렇듯 하늘과 인간의 스승[天人師]이신 부처님께서는 사람들이 독립·독행의 능력을 얻도록 간곡히 권고하셨다. 정진력의 기능은 이미 생긴 불선(不善)을 제거하거나, 아직 일어나지 않은 불선(不善)을 예방하여 일어나지 않도록 하며, 나아가 아직 일어나지 않은 선(善)을 개발하거나 이미 일어난 선(善)을 증진시키는 데 있다.

네 번째 깨달음의 인자는 삐띠(piti), 기쁨 또는 환희이다. 이것은 마음부수[心所]로서 몸과 마음 양면에 두루 영향을 미치는 특성을 갖는다. 기쁨은 마음의 문제이기 때문에 외부의 물질적인 것에서 찾으려 해서는 안 된다.

이를테면, 호흡 사띠에 있어서 들숨과 날숨에 집중하게 되면 처음에는 숨이 거칠다가 점점 미세해진다. '숨을 고요히 하겠다.' 결심하고 끊임없이 들숨날숨을 알아차리고 있으면 숨은 점점 고요해지고 니미따[표상]는 떠오를 것이다. '빠띠바가 니미따'가 떠오르면, 마치 사막을 여행하는 나그네가 오아시스를 만난 것처럼 법열

마음의 고요함을 닦는 수행자는 세간의 특유의 여덟 가지 어려움,
즉 이득과 손실, 좋은 평판과 나쁜 평판, 칭찬과 비난, 고통과 행복을 겪게 되더라도
당황하거나 혼란에 빠지거나 흥분하지 않는다.

(法悅), 즉 기쁨이 샘솟는 것을 알아차리게 된다. 이 기쁨이 선정의 다섯 요소 중 세 번째 인자이다.

○ ● ○

석가모니 부처님께서 탁발하러 나가셨다가 음식을 조금도 못 얻으신 적이 있었다. 그 때 어떤 부질없는 자가 지금 부처님께서는 틀림없이 배가 고파 괴로우실 거라고 말했다. 이때 무상사(無上師) 부처님께서 거침없이 이런 게송을 읊으셨다. "아, 장애를 여읜 우리는 언제나 행복하게 산다네. 광음천의 신들처럼 기쁨을 먹고 산다."고.

다섯 번째 깨달음의 인자는 경안각지(輕安覺支, passaddhi)이다. 여기에는 까야 빠사디(身輕安, kāya passaddhi), 찌따 빠사디(心輕安, citta passaddhi) 등 두 가지가 있다. 전자는 몸의 고요함이라고 일컫는데, 여기서 '까야'는 육체적인 몸이 아닌 수온(受蘊)·상온(想蘊)·행온(行蘊)의 고요함을 말하고, 후자는 마음의 고요함, 즉 식온(識蘊)의 고요함을 말한다.

'빠사디'는 길 가다 지친 사람이 나무 그늘 아래 앉을 때나 뜨거운 대지에 비가 내려 시원해질 때 경험하는 행복에 비유된다. 마음을 고요하게 가라앉히기는 매우 어렵다. 마음은 불안정하고 마치 물에서 건져 마른 땅에 내던진 물고기처럼 파닥거린다. 마음은

○

제멋대로 방황한다. 이처럼 마음의 성질은 도무지 종잡을 수 없다.

깨달음을 얻고자 하는 수행자가 자신의 변덕스러운 마음을 고요하게 할 수 있게끔 도와주는 것은 이치에 맞는 정신활동[如理作意, yoniso manasikāra]이다. 마음의 고요함을 유지하지 않고서는 집중[定]을 성공적으로 계발할 수 없다. 고요해진 마음은 온갖 피상적이고 무익한 것들을 몰아낸다. 자신을 완벽하게 길들이셨기에 조어장부(調御丈夫)라는 존칭을 누리시는 부처님께서는 사람의 마음을 길들이려는 목적으로 이 칠각지를 가르치신 것이다.

자신을 둘러싼 주위 환경이 순조롭지 못할 때 마음의 안정을 지니기는 참으로 어렵지만 이를 이겨내고 마음의 고요함을 닦는 수행자는 세간의 특유의 여덟 가지 어려움, 즉 이득과 손실, 좋은 평판과 나쁜 평판, 칭찬과 비난, 고통과 행복을 겪게 되더라도 당황하거나 혼란에 빠지거나 흥분하지 않게 된다.

수행자는 오로지 모든 조건 지어진 것들의 일어남과 사라짐을, 모든 유위법(有爲法)들이 어떻게 생겨났다가 없어지는지를 보려고 노력한다. 마침내 수행자는 걱정과 불안에서 헤어나 부서지는 것들을 부서지는 성질 그대로 보게 될 것이고, 존재와 속박의 격류를 건너 해탈의 문으로 들어갈 것이다.

여섯 번째의 깨달음의 인자는 정각지(定覺支, samādhi)이다. 고요하고 집중된 마음은 법, 즉 물심(物心) 현상을 있는 그대로 본다. 전일(專一)된 마음은 다섯 가지 장애[五蓋]를 정복해 낸다. 정(定)이란 비유컨대 바람 없는 장소에 놓인 등잔의 불꽃처럼 전혀 깜박거리지 않는 것과 같은 마음의 상태를 뜻한다. 정정(正定)은 마음을 혼란스럽게 만드는 번뇌를 몰아내고 마음의 청정과 온화함을 가져다준다. 집중된 마음은 감각대상에 정신을 빼앗기지 않는다. 선정을 닦기를 진실로 원한다면 계(戒)를 소중히 여기는 마음부터 갖추어야 한다. 왜냐하면 계가 청정하지 못하면 마음은 산만하거나 동요, 흥분하여 고요한 집중상태를 유지할 수 없기 때문이다.

선정, 삼매에 든 자는 다섯 가지 선지[五禪支]로 다섯 가지 장애를 모두 제쳐낸다. 즉 감각적 쾌락에 대한 욕망은 마음을 한 곳에 모음[專一, ekaggatā]으로써, 성냄 또는 염오는 기쁨(piti)으로써, 혼침은 생각을 어떤 대상에 향하게 함[尋, vitakka]으로써, 들뜸과 회한은 즐거움[樂, sukha]으로써, 의심은 지속적인 고찰[伺, vicāra]로써 제쳐 버린다.

일곱 번째 깨달음의 인자는 평온함[捨, upekkha]이다. 아비담마에 의하면, 우뻬카의 뜻은 중립성을 말하는데, 이것은 정신적 평온함을 의미하고 무관심과 같은 뜻이 아니다. 평온함은 고요하고 집중된 마음의 산물이다. 재가수행자가 험난한 삶의 과정에서 평정을 유지한다는 것은 진정 어려운 일이다. 이를테면 이득과 손실, 좋은 평판과 나쁜 평판, 칭찬과 비난, 고통과 행복이라는 세간의 양(兩) 극점 사이에서 동요할 수밖에 없다.

「나무 심에 비유한 작은 경(MN30)」에 이르길, 청정한 삶은 이득과 환대와 명성을 공덕으로 삼지 않고, 계행의 성취를 공덕으로 삼지 않고, 사마타와 위빠사나의 수행을 공덕으로 삼지 않고, 오로지 부동의 마음에 의한 해탈을 목적으로 한다.

만일 선정수행을 통해 신통력을 얻었다고 자만해서 이득과 환대, 명성을 바란다면 마음에 더러움이랄까 번뇌의 때가 잠재해 있어서 안심할 수 있는 상태가 아니다. 수행자가 잠재적 번뇌를 뿌리 뽑고 완전한 청정, 즉 아라한과를 얻게 되는 것은 직관적 통찰(위빠사나)에 의해서만 가능하다.

「불의 경(SN 46:53)」에 이르길, 마음이 침체되었을 때에는 모닥불로 장작을 불태우듯 ②택법각지, ③정진각지, ④희열각지를 닦아서 그 마음을 고양시켜야 한다. 반면에 마음이 들떠 있을 때는 물을 뿌려 큰불을 끄듯 ⑤경안각지, ⑥정각지, ⑦사각지를 닦아서 그 마음을 고요하게 해야 한다. 염각지의 중요성은 소금의 맛에 비유할 수 있다. 소금이 모든 음식에 들어가듯이 수행자로 하여금 갈애를 버리게 하고 탐욕과 성냄과 어리석음을 꿰뚫어 제거시킨다.

「질병의 경(SN 46:14,15)」에는 깨달음의 인자들에 대한 법문을 통해 질병이 치유된 사례가 있다. 이를테면, 중병에 걸린 '마하 목갈라나' 존자가 부처님께서 설하신 일곱 가지 깨달음의 인자를 기억하고 관찰하여 병석에서 즉시 일어난 이야기가 있고, 또한 부처님께서 병석에 계실 때 문병을 온 마하쭌다 존자(사리뿟따의 동생)에게 일곱 가지 깨달음의 인자를 낭송하게 하여 그것을 들으면서 부처님의 질병이 사라져버렸다는 이야기가 나온다.

이와 같이 사람의 마음은 몸에 매우 강력한 영향을 미칠 뿐만 아니라 심대한 변화마저도 일으킨다. 만일 악하고 불건전한 생각을 품고 부도덕한 쪽으로 작용하도록 방치한다면 큰 불행을 낳을 수 있고 심지어는 자신은 물론 남을 죽게 만들 수도 있다.

탐욕과 성냄으로 인해 내 몸 안에서 생성된 정신적·물질적 에너지가 정상적인 기(氣) 순환을 방해하는 독(毒)으로 변한다는 것은 수행자가 아니더라도 조금만 깨어 있으면 누구나 저절로 알 수 있다.

특히 『쌍윳따니까야』 '깨달음 인자의 모음(V권 제46)' 에서는 일곱 가지 깨달음의 인자는 성찰에 의해서 이치에 맞게 멀리 떠남에 의존하고, 사라짐에 의존하고, 소멸에 의존하고 보내버림으로써 열반으로 회향하는 최후의 번뇌를 끊는 방편으로 기술하고 있다.

초기경전의 주석서에 의하면, 일곱 가지 깨달음의 인자를 닦고 완성하면 일곱 가지 과보와 공덕이 뒤따른다. 열 가지 족쇄에 대한 해탈의 정도에 따라 수행자는 예류자[수다원], 일래자[사다함], 불환자[아나함], 아라한 등의 성자가 되거나 신들의 나라인 천(天)에 태어난다.

필자는 세상에 대해서 아무 것도 움켜쥐지 않을 때까지 이와 같이 칠각지 가운데, 법에서 법을 관찰하며 머물 것이다.

네 가지 성스러운 진리[四聖諦]

수행자들은 이 세상에서 네 가지 거룩한 진리[四聖諦, catu ariyasaccā] 가운데 법(dhamma)에 대해 법을 관찰한다. 어떻게 이 세상에서 수행자들이 네 가지 거룩한 진리 가운데 법에 대해 법을 관찰하는가? 이 세상에 수행자들은 ① '이것이 괴로움이다.'라고 있는 그대로 분명히 알고, ② '이것이 괴로움의 발생이다.'라고 있는 그대로 분명히 알고, ③ '이것이 괴로움의 소멸이다.'라고 있는 그대로 분명히 알고, ④ '이것이 괴로움의 소멸에 이르는 길이다.'라고 있는 그대로 분명히 안다.

여기에서 사띠의 대상인 법[담마]은 무엇을 뜻하는가에 대하여는, 주석서에서 네 가지로 분류하여 다음과 같이 설명하고 있다.

∘ • ∘

괴로움의 고귀한 진리[苦聖諦]에 대해 부처님께서 이르시길, "비구들이여, 괴로움의 고귀한 진리란 무엇인가? 태어남이 괴로움이다. 늙음도 괴로움이며, [병도 괴로움이고] 죽음도 괴로움이다. 슬픔, 비탄, 통증, 비애, 절망도 괴로움이다. 원하는 것을 얻지 못하는 것도 괴로움[求不得苦]이며, 싫어하는 대상과 만나는 것도 괴로움[怨憎會苦]이며, 좋아하는 대상과 헤어지는 것도 괴로움[愛別離苦]이다."라고.

이와 같은 정형구는 초기경전에서 거듭 반복되고 있는데, 앞의 생로병사의 고(苦)가 인간의 실존적인 괴로움[苦苦]이라면, 뒤의 세 가지 고(苦)는 상황의 변화에 따라 겪는 심리적·정신적 괴로움[壞苦]을 말한다.

요약하면 존재로서의 사람을 구성하고 있는 다섯 가지 무더기에 대한 집착[五取蘊]이 괴로움이다. 오취온의 고(苦)는 오온 자체가 조건에 의해 생멸하기 때문에 괴로움이라는 측면과 그 오온에 대한 집착이 괴로움이라는 측면으로 이해할 수 있는데, 그런 이유로 이를 행고(行苦)라 부르기도 한다. 고(苦)의 세 가지 측면 가운데 불교세계관에서 특별한 이해가 필요한 것은 두 번째의 행고(行苦)이다.

오온(五蘊)은 연기에 의해 생멸하고 있고, 끊임없이 변화하는 상태라서 거기에는 견고하고 지속하는 실재다운 성질을 띤 것이라고는 아무 것도 없다. 즉 제법무아(諸法無我)이다. 또한 생명에 대한 집착의 원인도 오온 그 자체이다. 오온은 정신적·물질적 양면에서 선행 조건 및 동시 발생 조건들의 방식으로 일어난다. 이들은 생(生)의 충동을 지속시키고 끊임없이 재 보충하기 위해 윤회의 자양분을 먹기 때문에 집착온[取蘊]이라고 부른다. 비유컨대, '집착온'이야말로 존재가 자발적으로 자신을 고(苦)에 붙들어 매는 쇠갈고리와 같은 것이다.

이와 같은 방식으로 비구들은 법에 대해 법을 안으로 관찰하거나, 법에 대해 법을 밖으로 관찰하거나, 법에 대해 법을 안팎으로 관찰한다. 또는 법에 대해 생성의 현상을 관찰하거나, 법에 대해 소멸의 현상을 관찰하거나, 법에 대해 생성과 소멸의 현상을 관찰한다. 단지 그에게 순수한 앎과 순수한 주의 깊음이 있는 정도만큼 '법이 있다.'라고 하는 사띠와 정지[正知, awareness]가 이뤄진다.

정념(正念)과 정지(正知)는 세속적인 삶으로부터 해탈을 목적으로 하는 공부이다. 이 공부는 습관적이고 특별히 많은 생각을 요하지 않는 행동들을 대상으로 할 때, 즉 걷고 서고 앉고 눕고, 육체적 요청에 부응하는 갖가지 일을 할 때 가장 잘 닦을 수 있다. 무엇을 하고 있는지를 항상 알아차리고 있는 사람은 계(戒)를 지키기가 한결 쉽다. 이를테면, 아름다운 여인인 옆집 유부녀에게 정신이 팔린 사람이 '내가 지금 남의 아내를 탐하고 있구나.' 하고 알게 되면 오계 중의 세 번째 불사음(不邪淫)의 계를 어기려 하는 자신을 깨닫게 됨으로써 악하고 불건전한 마음에서 벗어날 수 있는 것과 같다. 하물며 선정을 방해하는 다섯 가지 장애[五蓋], 오온(五蘊), 12가지 감각장소[六內外處] 등을 새기고, 알아차리고 있다면 그 공덕으로 범부 중생의 혈통에서 성자(聖者)의 혈통으로 바뀌게 된다.

'일체가 모두 고(苦)이다.'라는 부처님의 거룩한 가르침은 다음과 같은 비유를 통해 실증할 수 있다고 본다. 낙조의 아름다움은 마음을 산란하게 하거나 불안하게 만들 수도 있지만 그 누구도 그런 이유로 그 아름다움을 피하려 하지 않는다. 또한 사람들은 비극을 통해 연민과 공포를 맛보려 일부러 극장에서 영화를 관람하기도 한다. 사치나 감각적 쾌락을 유달리 좋아하는 사람들은 즐거운 느낌이 지속하는 동안은 달지만, 그런 것이 허용되지 않을 때 괴로운 느낌이 쓰다는 것을 알게 된다. 수행자가 방심하고 있을 때 유쾌함을 가장한 불쾌한 것이, 사랑스러움을 가장한 혐오스러운 것이, 행복을 가장한 괴로움이 그에게 덮쳐온다.

어느 모로 보아도 즐거움 가운데 고(苦)가 포함되어 있거나 즐거움의 결과로서 고(苦)가 뒤따라온다는 것은 불문가지(不問可知)이다. 모든 존재에게 내재하는 고(苦)의 보편적 특성은 물질에도 예외 없이 적용된다. 물질은 사대(四大), 즉 지·수·화·풍으로 만들어지는데 그 성격적 측면에서 파악하면 견고성[地], 응집성[水], 온도[火], 움직임[風]으로 요약할 수 있다. 물질이라는 것은 겉보기에 단단한 외관을 띠기도 하는 것이지만, 현대물리학에서 검증, 확인된 바에 의하면 궁극적으로 에너지로 파악한다. 다시 말하면, 물질이 어떤 형태로 존재하고 있건 간에 에너지의 끊임없는 이동과 변환이라는 특성을 지닌 흐름의 연속으로 관찰할 수 있기 때문이다. 따라서 우주 그 자체의 기본구조를 에너지라 할 때 그 에너지는 끊임없는 불안정과 동요라는 말로 표현할 수 있는데, 그렇다면 이는 행고(行苦)일 수밖에 없다는 것이다.

물질에 대한 불교의 우주론적 시각은 마음으로 하여금 인간의 몸을 다른 물질적 대상과 구별되는 초자연적 유기체라고 믿는 데서 깨어나도록, 바꿔 말하면 몸을 자아로 여기거나, 또는 자아에 속한 것으로 보려드는 사견(邪見)을 불식시키려는 데 그 목적이 있다.

부처님께서는 네 가지 비(非)물질적 또는 정신적 온(蘊)에 대해서도 이와 동일한 방식으로 관찰한다. 느낌[受]·지각[想]·형성[行]·의식[識]은 십이처(육경과 육근)와 육식의 접촉(십이연기의 여섯 번째 인자인 觸)에 의해 일어났다가 소멸하는 것으로 보아 실체가 없다고 설하셨다. 또한 이들의 수명은 심찰나[心刹那, thought-moments]들로 이루어진다. 심찰나란 오문(五門)과 의문(意門) 인식과정을 통해 일어난 하나의 의식(알음알이), 생각-과정의 지속시간을 측정하는 단위로서, 일초를 무한히 작게 분할한 것이다. 모든 심찰나들은 마치 바다의 파도가 솟구쳐서는 덧없이 짧은 찰나 동안 머물렀다가 가라앉아 버리듯이, 의식단계의 마음에서 일어나 한 찰나 거기에 남아있다가는 바왕가 단계의 마음으로 가라앉는다.

마음이란 단지 생각, 알음알이[識]들의 연속적인 흐름 외에 아무 것도 아니다. 마음은 흔히 강물의 흐름에 비교된다. 아침 출근길에 건너간 강이 저녁 퇴근길에 다시 건너게 되는 그 강이 아니듯이, 강물 속에서 물줄기들은 빽빽하게 쉴 새 없이 이어지므로 강이라고 하는 영속성을 지닌 어떤 것으로 보이게 되고, 또 그렇게 보려드는 것이다.

하나의 생각, 알음알이가 일어났다가 사라지는 것과 동시에 다른 생각이 이어져 일어나는 속도가 너무나 빠르기 때문에 마음이라 불리는 어떤 영속적인 것이 있는 양 착각하게 될 뿐이다. 예를 들면, 우리가 어릴 때 경험해 본 '팽이치기'를 되새겨보자.

팽이를 천천히 채로 쳐서 돌릴 때는 팽이가 돌아가는 모습이 눈에 선하지만, 매우 빠르게 채로 치면 팽이가 고속으로 돌면서 마치 팽이가 서있는 것과 같이 보인다. 여기서 고속으로 돌아가면서 마치 서있는 것처럼 보이는 팽이가 육안으로 보이는 사람의 몸이고 육안으로 볼 수는 없지만 찰나 간에 생멸하고 있는 몸 안의 물질적·정신적 에너지 운동이 고속으로 돌아가는 팽이의 연속적 움직임으로 비유할 수 있다. 아비담마에 의하면 이와 같이 우리의 몸 안에서는 물질이 한 번 일어나는 찰나에 마음은 16~17번이나 일어나 사라지고 있다고 설명하고 있다.

○ ● ○

세존께서 "비구들이여, 나는 마음의 변화만큼 빨리 변하는 어떤 다른 것에 대해서도 들어 본 적이 없으니, 그것이 얼마나 빨리 변하는 것인가를 설명하기는 결코 쉬운 일이 아니다."라고 설하셨다.

여기서 필자는 의식, 생각이 서로 이어지는 속도가 빠르다는 사실뿐만 아니라, 생각과 생각 사이에 경계선이 없다는 것을 인식하게

195

됐다. 돌이켜보면 이 심찰나들이 인과(因果)의 실에 꿰어 있기 때문에 마치 솜방망이에 불을 붙여 돌리면 횃불로 보이는 것처럼 내 자신으로 하여금 윤회의 과정에서 영속, 불변한 주체라는 영혼이라거나 자성으로 표현될 수 있는 자기 동일성이 있는 것인 양 환(幻)을 일으키게 했음을 부인할 수 없다.

∘ ● ∘

"모든 온(蘊)들은 덧없다. 모든 온(蘊)들은 고(苦)에 지배된다. 모든 것들[법]은 자아, 실체가 없다. 몸은 덧없다. 느낌도 덧없고, 지각도 덧없고, 형성도 덧없고, 의식도 덧없다. 그리고 덧없는 것은 고(苦)에 휘말린다. 고(苦)와 변화에 휘말려 있는 것을 두고 '이것은 내 것이 아니고, 내가 아니며, 나의 자아가 아니다.'라고 이와 같이 있는 그대로 올바른 지혜로써 관찰해야 한다."고.

– 『맛지마니까야(MN22, 35, 109, 147)』 참조

필자는 즐거움 또는 고통이라 하는 것은 짝을 이루는 상대적인 것으로 인연에 의해 생긴 유위법(有爲法)에 불과하다고 본다. 마음[識]에 끌려가는 삶이라는 조건이 소멸되지 않는 한 절대 무변한 지고(至高)의 행복이 없다는 부처님의 가르침이 필자로 하여금 온 세상에 대해 흥미를 느끼지 않게끔 하고, 또 온 세상에 머무르려는 생각을 벗

196

마음이란 단지 생각, 알음알이[識]들의 연속적인 흐름 외에 아무 것도 아니다.
아침 출근길에 건너간 강이 저녁 퇴근길에 다시 건너게 되는 그 강이 아니듯이,
강물 속에서 물줄기들은 빽빽하게 쉴 새 없이 이어지므로
강이라고 하는 영속성을 지닌 어떤 것으로 보이게 되고,
또 그렇게 보려드는 것이다.

어나게 하고, 열반을 향해 마음이 기울게 한다.

무상한 오온에 대해서 괴로움이라고 관찰하는 수행의 공덕에 대하여, 「인식 경(AN 7:46)」에서 이렇게 강조하고 있다. 아낌없이 베푸는 행위도 공덕이 크다. 불·법·승 삼보에 귀의하고 오계를 지키는 공덕은 더욱 크다. 나아가 자비의 향기를 한 줄이라도 더 피우려고 노력하는 공덕은 더더욱 크다. 하지만 손가락 한 번 튕기는 짧은 시간 동안이라도 무상한 오온에 대해 괴로움이라고 관찰하는 공덕은 가장 큰 결실이 기대되고, 또 많이 공부하면 불사(不死)에 들어가 불사를 완성한다.

공(空)하다는 것을 깨닫고 나면 미망은 사라지고 죽음이나 불행을 두려워하지 않게 된다. 만일 수행자가 덧없음[無常]을 온전히 깨달으면 이를 일컬어 차별상이 사라진 데 기인한 해탈, 즉 무상(無相) 해탈을 성취한다. 또는 자아가 없음[無我]을 온전히 깨달으면 그것은 비어있음을 아는 데 기인한 공(空) 해탈을 성취한다. 끝으로 괴로움[苦]의 진리를 온전히 깨달으면 그것은 원하는 바[渴愛]가 없어진 데 기인한 무원(無願) 해탈을 성취한다.

성스러운 두 번째 진리[集聖諦]인 고통의 원인은 무엇인가? 갈애가 바로 그것이다. 무명(無明)으로 인해 못 배운 범부는 존재의 무상하고 실체가 없는 본성을 있는 그대로 이해하지 못한다. 범부는 세상 사물이 실재하며 지속되는 것으로 여기고 그것들을 즐긴다. 즐김(nandi)과 갈망(rāga)이 결합되어 때로는 여기서 때로는 저기서 만족을 찾는다. 그래서 그것들에 대한 갈애를 만들어 낸다. 갈애로 인해 범부 중생은 어떤 것은 얻으려 하고 또 어떤 것은 피하려 든다. 더 나아가 생존 투쟁의 소용돌이 속에 빠져 들게 된다. 범부 중생들의 갈애와 집착은 육체가 허물어져도 끝나지 않고 다음 생(生)으로 이어져 생존의 괴로움은 지속된다.

다음 생(生)이 전생의 인간보다 높은 천상세계에서 이루어질지, 아니면 보다 하열한 축생세계에서 이루어질지, 또는 인간으로 다시 태어난다면 그것이 행복한 삶이 될지, 불행한 삶이 될지는 전적으로 바로 지금 그 자신의 신·구·의(身口意) 삼업(業)에 달려 있다. 바꿔 말하면 갈애를 어느 정도 제어하는지에 달려 있는 것이다.

부처님께서는 물질·느낌·의도의 각 자양분에 대한 탐욕이 있고, 환희가 있고, 갈애가 있다면 거기에 의식이 머물러 성장한다고 설파하였다. 의식이 머물러 성장하는 곳에 명색(名色)이 전개된다. 명색이 전개되는 곳에 형성(의도)의 증가가 있고, 형성(신·구·의 삼업)의 증가가 있는 곳에 미래의 존재로서 재생이 있게 된다고 강조하셨다. 「갈애의 경(SN46:120)」에 의하면, 부처님께서 말씀하신 세 가지 종류의 갈애란 다음과 같다.

갈애에 세 가지 종류가 있으니 ①감각적 갈애[欲愛, kāma-taṇhā], 즉 오욕 낙(樂)을 탐하는 것, ②존재하고자 하는 갈애[有愛, bhava-taṇhā], 즉 사람세계·천상세계·색계·무색계·여자생애·남자생애 등 가지가지 생에 집착하는 것, ③자기 멸절을 구하는 갈애[無有愛, vibhava-taṇhā]이다.

③세 번째의 갈애란 다음 생은 필요 없다고 생각하며 생을 원치 않는 것을 뜻한다. 부처님께서는 갈애는 좋은 것에만 집착하는 것이 아니라 안 좋은 것에 집착해도 일어난다고 설하셨다. 비유컨대, 나는 부자도 싫고 가난한 것도 싫다고 하면서 아무것도 안 하고 살겠다면 현재보다 더 가난해지는 것을 바라는 것과 같이, 수행을 하지 않고서 생을 끝내고 싶어 하는 갈망조차도 생을 받으려는 것과 같기 때문에 고통의 원인이 된다는 게 부처님의 가르침이다.

갈애와 집착의 관계에 대하여는, 다음과 같은 사건이 적절한 비유가 될 것이다. 만일 자기가 좋아하는 차(車)가 다른 차와 충돌해서 파손되었다면 매우 괴로워할 것이다. 왜냐하면 그 차에 집착하고 있기 때문이다. 반면에 자기가 모르는 다른 이들의 차는 부서져도 자기 마음에 어떤 고통도 일어나지 않는다. 이는 남의 물건에는 집착이 없기 때문이다. 이를테면, 자신의 부모와 형제가 죽었을 때 슬프고 괴로운 것은 자기가 부모와 형제에 집착하고 있는 것과 같다. 반면에 가끔씩 장례식장에서 자기와 상관없는 이들의 죽음과 마주쳤을 때 그 마음에는 괴로움이 일어나지는 않는다. 이것은 그에게 집착이 없기 때문이다.

갈애와 고(苦)의 관계에 대하여 부처님께서는, "언젠가는 대양이 메말라 사라져 더 이상 존재하지 않게 되는 때가 올 것이다. 언젠가는 이 거대한 대지가 불에 타 사그라져 흔적이 없어지는 때가 올 것이다. 그렇지만 무명에 덮이고 갈애에 의해 망가지고 그물처럼 둘러싸이고 실에 꿰어진 구슬처럼 얽히게 되고, 베 짜는 사람의 실타래처럼 헝클어진 채 윤회를 계속 서두르고 재촉하는 존재들의 고(苦)는 끝남이 없다.”고 말씀하셨다.

성스러운 세 번째 진리[滅聖諦]인 고통의 소멸은 무엇인가? 부처님께서는 갈애를 남김없이 사라지게 하고, 소멸시키고, 포기하고, 버려서 집착 없이 해탈하는 것이 고통의 소멸이라고 천명하셨다.

부처님의 무상정등각은 세 단계로 이뤄졌다. 초경(初更)에 과거생을 알 수 있는 첫 번째 지혜인 숙명통(宿命通)을 증득하셨고, 이경(二更)에 모든 존재들이 지은 바 업에 따라 이생에서 저 생으로 옮겨가는 과정에 대한 두 번째 지혜인 천안통(天眼通)을 증득하셨다. 끝으로 삼경(三更)에 존재의 생기(生起)가 조건에 의해서 이루어지며, 그 조건들의 뿌리가 갈애와 무명이라는 것[集聖諦], 그리고 이 연기과정을 끝낼 수 있는 방법[道聖諦]을 대각하셨다. [싸짜까에 대한 큰 경(MN 36) 참조].

그리고 동틀 무렵에 중생을 위한 자비심에서 십이연기의 순관(順觀)과 역관(逆觀)을 하시고 위없는 깨달음을 이루셨다. 그런 연후 과거 여섯 부처님인 19번째 위빠시(비바시) 부처님부터 24번째 까싸빠(가섭) 부처님들이 말씀하신 바와 같이 사자후를 이렇게 토하셨다.

∘ • ∘

“헛되이 수없는 생을 윤회하며 헤매었구나. 이 집 짓는 자를 찾아서 거듭 태어남은 실로 괴로운 일. 집 짓는 자여, 내 이제

너를 찾아내었다. 다시는 너 집을 지을 수 없으리. 너의 서까
래는 모두 붕괴되었고 대들보는 무너져 내렸다. 내 마음은 조
건에 매여 있지 않기에 이르렀다. 갈애는 소멸되었다."

-『법구경 주석서』,『법구경』게송

여기서 집이라 함은 몸(肉身)이고, 짓는 자는 갈애, 서까래는 열정,
대들보는 무명을 뜻한다. 열반은 고(苦)의 소멸이라는 뜻으로, 빠알
리어로 '닙바나', 산스크리트어로 '니르바나'라고 부르는데, 탐
욕·성냄·어리석음이라는 세 겹의 큰 불이 꺼진 상태로서 절대적인
평화·적정(寂靜)·완성이라고 표현하고 있다.[24]

열반은 말로나 글로 표현할 수 없다. 다만 실현될 수 있을 뿐인
데, 빠알리 경전에는 이에 대한 기술적 표현들이 더러 있다. 열반
은 불사(不死)일 뿐 아니라 피안, 불로(不老), 행복, 견뢰(堅牢) 등으로 기
술되고 있다. 그러나 열반은 궁극적으로 언어로 표현될 수 없는 것
이고, 조건에 매이지 않는 것이라는 데 이론(異論)이 없다. 부처님께
서 열반의 경지를 이렇게 말씀하고 있다.

○ ● ○

"비구들이여, 태어나지 않는, 만들어지지 않는, 연기되지 않
는, 형성되지 않는 경지가 있나니, 그처럼 태어나지 않는, 만
들어지지 않는, 연기되지 않는, 형성되지 않는 경지가 없다
면, 태어나고, 만들어지고, 연기되고, 형성된 것으로부터의

202

탈출도 있을 수 없을 것이다. 그러나 비구들이여, 실로 이처럼 태어나지 않는, 만들어지지 않는, 연기되지 않는, 형성되지 않는 경지가 있기에, 태어나고, 만들어지고, 연기되고, 형성된 것으로부터의 탈출이 진실로 있는 것이다." [25]

괴로움의 소멸에 이르는 성스러운 네 번째 진리[道聖諦], 즉 열반을 실현하는 구체적 방법은 무엇인가? 부처님께서는 중도(中道)를 천명하셨다.

◦ ● ◦

"출가수행자는 두 가지의 극단을 섬기지 않는다. 두 가지란 무엇인가? 감각적 쾌락의 욕망에 탐착을 일삼는 것은 저열하고 비속하고 배우지 못한 일반 사람의 소행으로 성현의 가르침이 아니며 무익한 것이다. 또한 스스로 고행을 일삼는 것도 괴로운 것이며 성현의 가르침이 아닌 것으로 무익한 것이다."

"수행승들이여, 여래는 이 두 가지 극단을 떠나 중도를 깨달았다. 이것은 눈을 생기게 하고 앎을 생기게 하며 궁극적인 고요, 올바른 앎, 올바른 깨달음, 열반으로 이끈다. 그 중도란 무엇이냐 하면, 신체와 언어와 정신으로 악(惡)을 짓지 않는 것, 즉 신구의(身口意) 3업을 짓지 않기 위한 여덟 가지 고귀한 길, 팔정도(八正道)이다."

「가르침의 수레바퀴에 대한 경(SN 56:11)」 참조 여기서 팔정도라 함은 바른 이해, 바른 사유, 바른 말, 바른 행위, 바른 생계, 바른 노력, 바른 사띠, 바른 마음집중을 말한다.

팔정도의 첫 번째 요소는 바른 견해[正見]이다. 바른 견해란 ① 오온(五蘊)에 대한 집착인 괴로움의 성스러운 진리에 대한 이해, ② 오온에 대한 집착을 일으키는 원인(갈애)을 식별하는 것, 즉 연기에 대한 이해, ③괴로움의 소멸을 실현하는 것, 즉 오온에 대한 집착의 소멸인 닙바나(열반)에 대한 이해, ④괴로움의 소멸로 이르는 길에 대한 성스러운 진리를 이해하는 것이다.

두 번째 요소는 바른 사유[正思惟]이다. 사성제를 대상으로 기울인 생각[伺]이다. 혹자는 진실로 그것은 애욕과 갈망이 없고, 악의가 없고, 잔인성이 없는 의도(Right Intention)라고 설명하기도 한다. 이와 같이 바른 사유는 괴로움의 진리를 대상으로 마음을 기울이는 것이고 바른 견해는 괴로움의 진리를 있는 그대로 이해하는 것이다. 이 두 가지를 묶어서 지혜 수행(paññā sikkhā)이라고 일컫는다.

세 번째 요소는 바른 말[正語]이다. 바른 말은 거짓말, 이간질, 거친 말, 쓸모없는 말을 하지 않는 것이다.

네 번째 요소는 바른 행위[正業]이다. 바른 행위는 살생, 도둑질, 불건전한 성행위를 하지 않는 것이다.

다섯 번째 요소는 바른 생계[正命]이다. 바른 생계는 살생, 도둑질, 거짓말 등과 같은 나쁜 말과 행위로 생활을 영위하지 않는 것이다. 재가신도에게는 무기거래, 인신매매, 도살을 위한 짐승매매,

술 판매, 독약 판매의 5가지 나쁜 거래를 하지 않는 것이 추가된다. 바른 말, 바른 행위, 바른 생계의 세 가지 요소를 묶어서 계율 수행(sila sikkhā)이라고 부르기도 한다.

여섯 번째 요소는 바른 노력이다. 바른 노력이란 사정근(四精勤)을 말하는데, ①아직 일어나지 않은 불건전한 상태[不善法]를 일어나지 않게 하려는 노력(律儀勤), ②이미 일어난 불건전한 상태를 제거하려는 노력(斷勤), ③아직 일어나지 않은 건전한 상태를 일어나게 하려는 노력(受勤), ④이미 일어난 건전한 상태를 증진시키려는 노력(受護勤) 등 네 가지로 구성된다.

일곱 번째 요소는 정념(正念)이다. 바른 사띠에는 신(身)·수(受)·심(心)·법(法) 네 가지가 있다. 앞에서도 언급했지만, 필자가 호흡 사띠 수행에 관심을 갖고, 믿음이 생겨서 삼매 체험을 하게 된 동기는 「싸짜까에 대한 큰 경(MN 36)」에 기록된 니간타의 교도인 싸짜까(Saccaka)에 대한 부처님의 가르침에서 찾았다.

∘ ● ∘

"악기베싸나여, 나에게 이런 생각이 떠올랐습니다. 나의 아버지 싸끼야 족의 왕이 농경제 행사를 하는 중에, 나는 장미 사과나무의 서늘한 그늘에 앉아 감각적 쾌락의 욕망을 버리고 악하고 불건전한 상태를 떠나서 사유와 숙고를 갖추고, 멀리 떠남에서 생겨난 희열과 행복을 갖춘 첫 번째 선정을 성취

하였는데, 이것이 깨달음에 이르는 길일까? 악기베싸나여,
그러한 나에게 이 길이 깨달음에 이르는 길이라고 사띠(sati,
念)에 따른 의식이 생겨났습니다."

초기경전의 주석서에 의하면, 고타마 싯다르타(석가모니 부처님의 어릴 적
이름)가 어린 왕자였을 때, 부왕(父王)인 정반왕과 함께 싸끼야족의 농
경제에 참석했는데, 시종이 농경제 행사를 보기 위해 잠시 자리를
비웠을 때 순간적으로 가부좌를 하고 호흡에 주의를 기울이며 첫
번째 선정에 들었다고 설명하고 있다.

　　필자도 들숨날숨에 대한 사띠 수행을 통해 선정의 다섯 가지
요소[五禪支]가 갖추어짐을 알아차리게 되면, 이 오선지를 암송하면
서 깊이 새기고 초선정에 들어간다고 인식한다.

　　여덟 번째 요소는 바른 삼매이다. 바른 삼매는 초선정, 이선
정, 삼선정, 사선정을 말한다. 이것을 「대념처경」에서는 바른 삼매
로 정의하나, 『청정도론』에서는 색계 사선정, 무색계 사선정, 그리
고 근접 삼매까지 포함하여 바른 삼매라고 정의한다.

　　주석서에 의하면, 어떤 사람들은 전생에 쌓은 많은 바라밀이
있어서 법[담마]에 대한 간략하거나 또는 상세한 가르침을 듣기만
해도 '닙바나'를 얻을 수 있다고 말한다. 그러나 대부분의 사람들
은 그러한 바라밀이 없어서, 참스승의 지도 아래 점진적인 절차에
따라서 팔정도를 수행해야 한다. 필자는 계청정(戒淸淨)을 이룬 후에

삼매를 수행해야 하고, 다시 삼매 수행으로 심해탈(心解脫)을 이룬 후에 지혜 수행하는 것이 바람직하다고 생각한다. 하지만 『청정도론』에 의하면, 선(禪)의 습기가 없이 (찰나삼매에 들어서) 마른 위빠사나를 닦아서 아라한이 될 수도 있다고 설하고 있으므로 수행자의 근기에 따라서 선택의 여지가 있다고 본다.

갈애와 집착은 어디에서 소멸되는가? 부처님께서는 그들이 일어난 곳에서 끝을 내게 된다고 말씀하셨다. 이를 환멸(還滅)연기라고 표현하기도 한다. 신체의 감각기관[六根]과 대상[六境]에 대한 의식[六識]의 접촉[phassa, 觸]에 의해서 보이고, 들리고, 냄새 맡아지고, 맛보이고, 닿게 되는 등의 알음알이[識]가 일어나고, 그 마음부수로서 느낌[受]과 인식[想], 의도[行] 등이 반드시 뒤따라 일어나는 바, 범부 중생은 대상에 몰입하여 갈애의 소용돌이 속에서 벗어나지 못하지만, 성스러운 수행자는 그런 마음작용이란 연기에 의해 조건적으로 발생하는 것일 뿐, 본질적으로 현상이 공성(空性)임을 깨달아 윤회의 뿌리인 갈애를 소멸시키게 된다고 설파하셨다.

오랜
가뭄 끝에
단비가 내리다

〔수행의 공덕〕

불사(不死)를 맛본다는 것은 열반을 뜻한다. 초기경전의 주석서에서 표현하고 있는 불사의 물(amata-pāna)은 한역(漢譯)으로 감로수(甘露水)라고 부른다. 사띠빠타나(사념처의 확립) 수행을 통해서 지난날 필자의 마음을 불타오르게 한 탐욕의 갈애가 하나씩 꺼져가게 하는 단비를 맞고 있다. 「염처경(MN10)」에서는 사띠 수행의 공덕에 대해 이렇게 기술하고 있다.

○ · ○

"비구들이여, 누구든지 이 네 가지 사띠의 토대를 7년 동안 이와 같이 닦으면, 지금 여기에서의 궁극적인 지혜의 열매[아

라한과 증득], 또는 집착의 흔적이 남아 있다면 돌아오지 않는
경지의 열매[아나함, 불환과 증득]라는 두 가지 열매 가운데 하나
의 열매가 기대된다. 비구들이여, 7년 동안이 아니더라도 비
구들이여, 누구든지 이 네 가지 사띠의 토대를 6년, 5년, 4년,
3년, 2년, 1년 동안만이라도 이와 같이 닦으면, 아니 비구들
이여, 누구든지 이 네 가지 사띠의 토대를 7개월 동안만이라
도 이와 같이 닦으면, 지금 여기에서의 궁극적인 지혜의 열매
나 집착의 흔적이 남아 있다면 돌아오지 않는 경지의 열매라
는 두 가지 열매 가운데 하나의 열매가 기대된다.

이와 관련해서 '비구들이여, 뭇 삶을 청정하게 하고, 슬픔과
비탄을 뛰어넘게 하고, 고통과 근심을 소멸하게 하고, 바른
방도를 얻게 하고, 열반을 실현시키는 하나의 길이 있으니,
곧 네 가지 사띠의 토대이다.'라고 이와 같이 말한 것은 이것
에 근거해서 설한 것이다.

이와 같이 부처님께서 말씀하시자, 그들 비구들은 만족하여
부처님께서 말씀하신 것을 기쁘게 받아 지녔다."

사띠빠타나 수행을 잘 닦아야만 위빠사나 수행으로 나아갈 수 있
다. 위빠사나에 의해 얻어지는 통찰지혜는 물질적·육체적 현상과
정신적 현상의 일반적 특성은 끊임없이 변화하고(無常), 안정되어 있
지 않으며(苦), 나라고 할 만한 것이 없다(無我)는 진리에 대한 경험적

이해를 말한다. 위빠사나 수행은 자신의 몸과 마음의 현상, 구체적으로는 몸(身)·느낌(受)·마음(心)·법(오취온)에 대하여 찰나적으로 생멸하는 바로 그 순간에 새겨서 잊지 않고(be mindful), 알아차리고(be aware) 관찰하는(observe) 것을 뜻한다.

이는 이론적인 이해[聞慧]나 사유해서 얻는 이해[思慧]가 아니라 직접적인 관찰을 통해서 얻는 이해[修慧]이기 때문에 찰나 생, 찰나 멸하는 현상을 있는 그대로 관찰하려면 높은 단계의 선정[第四禪]이 있어야만 위빠사나 수행을 완성할 수 있다는 게 통설이다. 그러나 위빠사나 수행[慧]은 선정 수행 없이는 불가능하지만 그 선정이 반드시 사선정[捨念淸淨]일 필요는 없고, 찰나 삼매에서 마른 위빠사나 수행에서도 가능하다는 것을 남방불교에서 확인할 수 있다.

'각묵' 스님은 "삼매 또는 선정은 그 자체로써 결코 해탈·열반의 목적이 될 수 없다. 그것은 통찰지로 해탈·열반을 실현하기 위한 방편일 뿐이다. 즉 '무상·고·무아'를 꿰뚫는 통찰지가 없는 삼매나 선(禪)은 지금 여기서 열반을 실현한다는 소위 '현법열반론'이라는 견해의 그물에 걸린 것에 지나지 않는다."라고 설파한다.

미얀마 수행방법의 하나인 마하시 방식이든 고엔카 방식이든, 위빠사나 수행의 교리적인 근거는 주로 초기경전 가운데 「대념처경」에서 나온다. 이 경(經)이 바로 필자의 수행 의지처(依支處)이다. 필자가 수행의 지침서로서 「대념처경」과 「사념처경」을 택하게 된 동기 또는 이유는 이렇다.

부처님께서 사띠가 수행의 근본이고 그것은 팔정도를 지향한다고 가르치셨고[왕의 경(SN.V.44)], 또한 부처님께서 깨달음을 얻은 후 '네란자라' 강가에서 사념처 수행이 열반을 실현하는 길임을 명상하셨고[길의 경(SN.V.185)], 끝으로 방일하지 말고 해야 할 바를 모두 성취하라는 부처님의 마지막 유훈[대반열반경(DN16)]이 있었기 때문이다.

필자는 태어날 때 태를 염주처럼 두르고 나왔다 하여 어머니께서 깊은 불연을 강조하셨고, 어머니를 따라 절집에 자주 드나들었다. 하지만 환갑이 가까워서야 부처님의 제자로 여생을 살아가겠다고 서원을 세웠다. 그래서 세상에 대한 연민으로, 중생과 인천(人天)의 안녕과 행복을 위하여 부처님의 가르침에 따라 수행하고 있다.

재가불자로서의 일상수행은 다음과 같이 세 가지로 요약할 수 있다. 매일 이른 아침에 조용한 빈방에서 약 40분 정도 명상을 한다. 첫째로 산만한 생각을 자르기 위해서 아나빠나 사띠[호흡에 대한 사띠]를 한다. 둘째로 탐욕을 제거하기 위해서 육신에 대한 혐오감 명상을 한다. 셋째로 증오나 성냄을 제거하기 위해서 자애관(metta) 명상을 한다.

이와 같은 수행이 죽음까지 이어져야 하며, 그 수행공덕으로 인해 최소한 '작은 수다원과'를 얻어 다음 생에 삼악도에 떨어지지 않고 선처(善處)에 태어나 윤회의 길을 청정하게 하는 정법과 참스승을 만나게 될 것으로 기대한다.

● 01 ● 대림 스님 옮김, 초기불전연구원, 『가려 뽑은 앙굿따라니까야』「로히땃사 경(AN4: 45, 46)」에 대한 해설 참조.

● 02 ● 『앙굿따라니까야』「공부지음 경(AN5: 5)」 참조.

● 03 ● 『앙굿따라니까야』「장애경(AN9: 64)」 참조.

● 04 ● 『앙굿따라니까야』「감각적 욕망의 경(AN9: 65)」 참조.

● 05 ● 『앙굿따라니까야』「무더기 경(AN9:66)」 참조.

● 06 ● 중생들을 존재의 세계에 붙들어 매어놓는 열 가지 족쇄가 있다. 유신견(불법승 삼보에 대한 회의적 의심), 계금취견(계율이나 금기에 대한 집착), 감각적 쾌락에 대한 욕망. 악의 (五下分結), 색계에 대한 욕망, 무색계에서 완전히 벗어난 성자를 아나함(불환자)이라 하고, 열 가지 족쇄에서 완전히 벗어난 성자를 아라한이라 한다.

● 07 ● 『앙굿따라니까야』「마음챙김 경(AN8: 81)」 참조.

● 08 ● 참고로 '아나빠나사띠' 수행에 대하여 전 세계적으로 가장 상세하고 체계적으로 정리된 것으로는 태국의 '붓다다사' 선사가 법문한 『붓다의 호흡법, 아나빠나사띠』인데, 2007년에 그 한글 번역본을 '불광출판사'에서 펴낸 바 있다.

● 09 ● 『들숨날숨에 마음 챙기는 공부』, 9쪽, 대림 스님 옮김, 초기불전연구원.

● 10 ● 『붓다다사 선사 법문』/ 김열권·김득희 번역, 2005년 도서출판 한길.

● 11 ● 불교에서는 무의식과 잠재의식을 같이 묶어 바왕가(bhavanga)라고 부른다. 불교심리학에서는 마음이 변화하는 과정, 즉 흐름을 연속적으로 파악한다. 불교심리학에서는 깨어있는 동안에는 의식적인 마음이 활동하여 육문(六門)을 통해 자기가 무엇을

하고 있는지를 자각하고, 그런 마음을 지나쳐간 생각들이나 인상과 기억들은 바왕
가에 저장돼 있다가 삼매수행 시에 집중이 일어날 때 바왕가가 미세하게 일어나거
나, 숙면상태에서 바왕가가 흘러간다고 말한다. 바왕가는 한 개체가 삶의 과정에서
생명이 끝날 때까지 그 연속성을 유지시켜 주는 생명연속체이다. '테라바다'에서는
말라식, 아뢰야식이라는 단어가 없다. 오직 바왕가가 있을 뿐이다. 그러나 이 바왕가
는 표면 아래에 흐르는 잠재의식이나 무의식이 아니다. 바왕가는 대상이 없어서 마
음이 일어나지 않을 때 이 바왕가가 생멸을 거듭하며 흘러간다.

● **12** ● 여기서 ① 헤아림(gaṇanā)이란 단지 헤아리는 것이다[數息]. ② 연결(anubandhanā)이란
수식으로 마음에 잡도리한 뒤 이를 내려놓고 사띠로 끊임없이 들숨날숨을 쫓아감
이다. ③ 닿음(phusanā)이란 오직 숨이 닿는 곳이다. ④ 안주함(ṭhapanā)이란 본삼매이
다. ⑤ 주시(sallakkhaṇā)란 위빠사나이다. ⑥ 환멸(vivaṭṭanā)이란 도(道)다. ⑦ 두루 청정
함(pārisuddhi)이란 과(果)다. ⑧ 그들을 되돌아봄(paṭipassanā)이란 반조다.

● **13** ● 남방불교의 주석서에서는 '깔라빠'는 물질을 구성하는 순수한 8원소라고 정의한다.
깔라빠는 궁극의 실재가 아니며, 궁극의 실재를 꿰뚫어 보기 위해 하나의 깔라빠가
8원소로 구성되어 있는 것을 관찰할 필요가 있다고 가르친다. 그 때에만 물질을 있
는 그대로 볼 수 있고, 어떻게 정신과 연결되어 있는지 볼 수 있다는 것이다. 8원소
깔라빠는 지수화풍의 4대 요소(mahābhuta)와 4대 요소로부터 파생된 색깔 · 냄새 ·
맛 · 영양소 등의 4파생물질(upādā rūpa)로 구성되어 있다고 설한다.

● **14** ● 이 부분은, 미얀마 아신 떼자니야 쉐우민 수행센터에서 발간한 『수행의 길라잡이』에
서 발췌하여 인용하였음을 밝힌다.

● **15** ● 전재성 역주, 한국빠알리성전협회, 『쌍윳따니까야』 「아쩰라깟싸빠 경(SN12:17)」 「깟짜
야나곳따 경(SN12:15)」 참조.

● **16** ● 전재성 역, 한국빠알리성전협회, 『명상수행의 바다』 「길들임의 단계에 대한 경」 참조.

● **17** ● 전재성 역주, 한국빠알리성전협회, 『쌍윳따니까야』, 「느낌의 경(SN18:15)」 참조.

● **18** ● 여기서 법[dhamma]을 궁극적 실재라고 한다면, 그것은 '제법무아'라는 부처님의 근본 가르침에 상치하는 것이 아닌가 하는 의문을 품을 수 있다. 그러나 열반은 형성된 것이 아니므로 무상과 고를 적용할 수 없지만, 무아는 거기에 적용된다. 따라서 마음을 불변하는 실체로 상정하는 것도, 생각 너머에 존재한다는 '아뜨만' 또는 진아(眞我)라는 견해, 관념은 모두 산냐(sañña, 인식)일뿐이라고 하는 것이 초기불교의 입장이다.

● **19** ● 『맛지마니까야』 제4권 「염신경 (MN 119)」, 이 책의 부록에 게재하였음.

● **20** ● 『쌍윳따니까야』 제2권 177면 「원인과 함께의 경(SN14:12)」 참조.

● **21** ● 악의를 억제하고, 자심해탈(慈心解脫)을 성취하는 관법에 대한 설명은 「라훌라를 가르친 큰 경(MN 62)」 참조. 자애명상에 대하여는 이 책의 부록 「자애경」 참조.

● **22** ● 『금강경 역해』, 각묵 스님, 불광출판사.

● **23** ● 『디가니까야』 제1권 「뽀따빠다 경(DN9)」, 각묵 스님 옮김, 초기불전연구원.

● **24, 25** ● 『사성제』, 프란시스 스토리 지음·재연 스님 옮김, 고요한 소리, 2009년 1판 2쇄에서 인용함.

오온(五蘊) | 자양분 | 전도몽상(顚倒夢想) | 四念處(사띠의 대상) | 수관(隨觀, 위빠사나)

오온(五蘊)			자양분 ➡ 갈애	전도 몽상(夢想)	사념처[사띠빠타나]	위빠사나[隨觀]	존재의 3法印
물질	색 (色)	거품덩이 병원	단식(段食)	정상(淨想)	신(身) : 호흡,四大	부정(不淨) ⬅ 관(觀)	
	수 (受)	거품 병(病)	촉식(觸食)	낙상(樂想)	수(受) : 느낌	고(苦) ⬅ 관(觀)	일체개고 (一切皆苦)
정신	상 (想)	신기루 병인(病因)	의사식 (意思食)	아상 (我想, 我相)	법(담마) 중에서 산냐/상카라	무아(無我) ⬅ 관(觀)	제법무아 (諸法無我)
	행 (行)	수간(樹幹) 속병					
	식 (識)	환상 요술	식식(識食)	상견(常見)	심(心) : 三毒心 生滅心	무상(無常) ⬅ 관(觀)	제행무상 (諸行無常)

마음이 밖의 물질 또는
내면의 물심(物心) 현상을
인식하는 과정

【육경(六境)】		【육식(六識)】		【육근(六根)】
색깔(형상)	➡	시각의식	⬅	眼[시각]
소리	➡	청각의식	⬅	耳[청각]
냄새	➡	후각의식	⬅	鼻[후각]
맛	➡	미각의식	⬅	舌[미각]
감촉	➡	촉각의식	⬅	身[촉각]
법[物 / 心]	➡	정신의식	⬅	意[정신]

215

부록

자애경

염신경

사띠 수행의 도우미 모음

자애경

〔수따니빠따 143~152〕

●

선행에 익숙해진 수행자가

유가 안온의 경지에 이르기 위해 해야 할 바는 이러하다.

●

유능하고 곧고 의연하며 상냥하고 점잖고 겸손하다.

또 만족할 줄 알아 구하는 바가 적으며,

잡일을 만들지 않고 홀가분하게 산다.

●

감관을 고요히 하여 빈틈이 없고, 잘 절제하며,

속인들과 접하면서 탐심을 내지 않는다.

또 다른 현자들이 마뜩찮아 할 일은

아무리 사소한 일이라도 하지 않는다.

●

(또한 나는 생각한다) 안전하고 행복한 가운데

모든 중생들이 행복한 마음이 되기를.

살아 숨 쉬는 존재라면 그 무엇이든

연약하거나 튼튼하거나를 가리지 않고

하나도 빠짐없이,

그것이 길쭉한 것이든, 중간치든, 짤막한 것이든,

큰 것이든, 작은 것이든,

또 눈에 보이는 것이든, 볼 수 없는 것이든,

멀리 살든, 가까이 살든,

존재하고 있든, 존재를 구하고 있든,

그 모든 중생들이 다 행복한 마음이 되기를.

●

그 누구도 남에게 해가 되는 일을 하지 말기를.

어떤 경우일지라도 남을 경멸해서는 안 된다.

그리고 성내거나 원망하는 마음에서

서로 상대가 잘못되기를 바라서도 안 된다.

●

마치 어머니가 목숨을 걸고

자식을 보호하듯 그것도 하나뿐인 자식을,

꼭 그와 같이 모든 살아있는 것들에 대해서

한없는 (자애의) 마음을 지니기를.

또 전 세계에 대한 사랑에서

한없는 (자애의) 마음을 지니기를.

위로 아래로 그리고 옆으로 두루, 장애 없이,

적의 없이, 경쟁자도 없이.

●

그리고 서 있거나 걷거나 앉아있는 동안,

또 누워있는 동안도 졸음에 빠지지 않는 한,

이 (자애의) 염(念)을 단호히 지켜야 한다.

사람들은 이 염(念)을 세상에서 거룩한 머물 곳이라 부른다.

●

그래서 내 자신이 그릇된 견해에 말려들지 않고,

계를 온전히 하고, 통찰을 완성하면,

그래서 감각적 욕구와 관련된 탐심을 버리면

다시는 모태에 드는 일이 없을 것이다.

염신경

(念身經)

Kāyagatāsati Sutta(MN119)

다음 소개하는 「염신경」은 전문(全文)이 아니고, 필자가 실제로 명상의 대상으로 삼고 있는 부분만을 발췌한 것이다. 「대념처경」에는 몸의 관찰[身隨觀]을 여섯 가지로 나누어 설하고 있는데, 필자는 「염신경」의 전문 가운데 몸의 관찰과 관련된 것만을 간추려 공부하고 있다.

　부처님께서는 몸에 대한 사띠[念]를 하지 않으면 거듭되는 생사 윤회의 고통에서 벗어날 수 없고, 반면에 몸에 대한 사띠를 확립하고 끊임없이 닦으면 사선정(四禪定)과 육신통(六神通)의 지혜를 얻어서 불사(不死)의 경지, 즉 열반을 증득한다고 설하셨다.

들숨날숨에 대한 사띠　본문(pp. 79~124) 참조.

네 가지 자세[四威儀]

(좌선을 마치고, 토굴에서 나와) 나는 걸어가면서 '걷고 있다.'고 꿰뚫어 알고, 서 있으면서는 '서 있다.'고 꿰뚫어 알며, 앉아 있으면서 '앉아 있다.'고 꿰뚫어 알고, (다시 토굴로 돌아와서) 누워 있으면서는 '누워 있다.'고 꿰뚫어 안다. 나의 몸이 어떤 자세를 취하고 있든 간에 그 자세대로 꿰뚫어 안다.

　이와 같이 방일하지 않고 열심히, 스스로 독려하며 머물 때 마침내 저 세속에 얽힌 기억과 생각들이 사라진다. 그런 것들이 사라지기 때문에 마음은 안으로 확립되고 고요해지고 하나에 고정되어 삼매에 든다.

분명하게 알아차림[正知]

나는 나아갈 때도 물러날 때도 자신의 거동을 분명히 알면서[正知] 행한다.

앞을 볼 때도 옆을 볼 때도 분명히 알면서 행한다. 구부릴 때도 펼 때도 분명히 알면서 행한다. 옷을 입거나 가방을 들 때도 분명히 알면서 행한다. 먹을 때도 마실 때도 씹을 때도 맛볼 때도 분명히 알면서 행한다. 대소변을 볼 때도 분명히 알면서 행한다. 걷거나 서있거나 앉았거나 잠자거나 잠에서 깨어나거나 말하거나 침묵할 때도 분명히 알면서 행한다.

이와 같이 방일하지 않고 열심히, 스스로 독려하며 머물 때 마침내 저 세속에 얽힌 기억과 생각들이 사라진다. 그런 것들이 사라지기 때문에 마음은 안으로 확립되고 고요해지고 하나에 고정되어 삼매에 든다.

몸의 32가지 부위에 대한 사띠

나는 이 몸이 여러 가지 부정(不淨)한 것으로 가득 차 있음을 발바닥에서부터 위로 올라가며 그리고 머리털에서부터 내려가며 반조한다. 즉 '이 몸에는 머리털, 몸 털, 손발톱, 이, 살갗, 살, 힘줄, 뼈, 골수, 콩팥, 염통, 간, 근막, 지라, 허파, 큰창자, 작은창자, 위 속의 음식, 똥, 뇌, 쓸개즙, 가래, 고름, 피, 땀, 굳기름, 눈물, (피부의)기름기, 침, 콧물, 관절 활액, 오줌 등이 있다.'라고 반조한다.

마치 양쪽에 주둥이가 있는 가마니에 여러 가지 곡물, 즉 밭벼, 보리, 녹두, 완두, 참깨, 논벼 등이 가득 담겨 있는데, 어떤 눈 밝은 사람이 그 자루를 풀고 반조할 것이다. '이것은 밭벼, 이것은 보리, 이것은 녹두, 이것은 완두, 이것은 참깨, 이것은 논벼다.'라고 반조한다.

이와 같이 방일하지 않고 열심히, 스스로 독려하며 머물 때 마침내 저 세속에 얽힌 기억과 생각들이 사라진다. 그런 것들이 사라지기 때문에 마음은 안으로 확립되고 고요해지고 하나에 고정되어 삼매에 든다.

네 가지 근본물질[四大]에 대한 사띠

나는 이 몸을 처해진 대로 놓아진 대로 요소[界]별로 반조한다. '이 몸에는 땅[地]의 요소, 물[水]의 요소, 불[火]의 요소, 바람[風]의 요소가 있다.'라고 반조한다.

마치 노련한 백정이나 그 조수가 소를 잡아 각을 떠서 큰길 네거리에 이를 벌려놓고 앉아 있는 것처럼, 이와 같이 나는 이 몸을 처해진 대로 놓아진 대로 요소별로 반조한다. '이 몸에는 땅의 요소, 물의 요소, 불의 요소, 바람의 요소가 있다.'라고 반조한다.

이와 같이 방일하지 않고 열심히, 스스로 독려하며 머물 때 마침내 저 세속에 얽힌 기억과 생각들이 사라진다. 그런 것들이 사라지기 때문에 마음은 안으로 확립되고 고요해지고 하나에 고정되어 삼매에 든다.

아홉 가지 공동묘지에 대한 사띠

나는 마치 묘지에 버려진 시체가 죽은 지 하루나 이틀 또는 사흘이 지나 부풀고 검푸르게 되고 문드러지는 것을 보게 될 것이다. 나는 바로 자신의 몸을 그에 비추어 바라본다. '이 몸 또한 그와 같고, 그와 같이 될 것이며, 그에서 벗어나지 못하리라.'고.

계속해서, 마치 묘지에 버려진 시체를 까마귀 떼가 달려들어 마구 쪼아 먹고, 솔개 무리가 쪼아 먹고, 독수리 떼가 쪼아 먹고, 개 떼가 뜯어 먹고, 자칼들이 뜯어 먹고, 별의별 벌레들이 다 달려들어 파먹는 것을 보게 될 것이다. 나는 바로 자신의 몸을 그에 비추어 바라본다. '이 몸 또한 그와 같고, 그와 같이 될 것이며, 그에서 벗어나지 못하리라.'고.

더 나아가, 마치 묘지에 버려진 시체가 해골이 되어 살과 피가 묻은 채 힘줄에 얽혀 서로 이어져 있는 것을 보게 될 것이다. … 마치 묘지에 버려진 시체가 해골이 되어 살은 없고 피는 남아있는 채로 힘줄에 얽혀 서로 이어져 있는 것을 보게 될 것이다. … 마치 묘지에 버려진 시체가 해골이 되어 살도 피도 없이 힘줄만 남아 서로 이어져 있는 것을 보게 될 것이다. … 마치 묘지에 버려진 시체가 백골이 되어 뼈들이 흩어져서 여기에는 손뼈, 저기에는 발뼈, 또 저기에는 정강이뼈, 저기에는 넓적다리뼈, 저기에는 엉덩이뼈, 저 기에는 등뼈, 저기에는 갈빗대, 저기에는 가슴뼈, 저기에는 팔뼈, 저기에는 어깨뼈, 저기에는 목뼈, 저기에는 턱뼈, 저기에는 치골,

저기에는 두개골 등이 사방에 널려있는 것을 보게 될 것이다. 나는 바로 자신의 몸을 그에 비추어 바라본다. '이 몸 또한 그와 같고, 그와 같이 될 것이며, 그에서 벗어나지 못하리라.'고.

끝으로, 나는 마치 묘지에 버려진 시체가 백골이 되어 뼈가 하얗게 변하여 조개껍질 색깔처럼 된 것을 보게 될 것이다. … 백골이 되어 단지 뼈 무더기가 되어 있는 것을 보게 될 것이다. … 그 백골이 해를 넘기면서 삭아 가루가 된 것을 보게 될 것이다. 나는 바로 자신의 몸을 그에 비추어 바라본다. '이 몸 또한 그와 같고, 그와 같이 될 것이며, 그에서 벗어나지 못하리라.'고.

이와 같이 방일하지 않고 열심히, 스스로 독려하며 머물 때 마침내 저 세속에 얽힌 기억과 생각들이 사라진다. 그런 것들이 사라지기 때문에 마음은 안으로 확립되고 고요해지고 하나에 고정되어 삼매에 든다.

이와 같이 몸에 대한 사띠를 닦아서, 나는 감각적 욕망을 완전히 떨쳐버리고 악(惡)하고 불건전한 법[不善法]을 떠나서 사유[尋]와 숙고[伺]를 갖추고, 멀리 떠남에서[出離] 생겨난 희열[喜, piti]과 행복[樂, sukha]을 갖춘 초선(初禪)을 구족하여 머문다.

사띠 수행의
도우미 모음

—

이 부분은,

미얀마 아신 떼자니야 쉐우민 수행센터에서 발간한『수행의 길라잡이』중에서,

필자의 수행경험에 비추어 암기하고 되새겨야 할 금구명언이라고 보아 발췌,

인용하였음을 미리 밝혀 둔다.

수행이란 마음이 일하는 것, 즉 마음이 알아차리는 일을 하는 것이
다. 그것은 몸이 일하는 것이 아니다. 앉고·걷고·움직이면서, 몸으
로 하는 어떤 행위가 아니다. 수행이란 매 순간마다 올바른 이해로
써 몸과 마음을 직접 체험하는 것을 말한다. 예컨대, 두 손을 합장
하고 주의를 기울이면 손바닥의 감각을 느끼고 알아차릴 수 있을
것이다. 그것이 바로 마음이 일하고 있는 것이다.

수행하는 마음이 일을 잘 하기 위해서는 지속적인 노력이 필수적이
다. 스스로에게 하루 종일 알아차릴 것을 일깨워 줘야 한다. 직장
또는 거리에서 신호등이 바뀌기를 기다리고 있을 때, 언제 어느 곳
에서나 자신을 지켜보아야 한다. 앉거나, 걷거나, 청소하거나, 애
기하거나 무엇을 하든지 지켜보고, 그것을 알고, 어떤 일이 일어나
고 있는지 알아차려야 한다.

　아침에 잠에서 깨어나면서부터 밤에 잠드는 순간까지, 어떤 자세
로 있든지 간에 자기 자신을 지속적으로 알고 있을 필요가 있다. 마음
이 게을러지거나 제멋대로 달아나게 해서는 안 된다. 마음이 지속적
으로 일을 하는 것, 즉 지속적으로 알아차림 하는 것이 중요하다.

수행할 때는 편안해야 한다. 또한 자신을 강하게 몰아붙이지 말고 긴장 없이 수행해야 한다. 편안한 마음이 될수록, 사띠를 향상시키기가 더욱 쉬워진다. "초점을 맞춰라, 집중하라, 꿰뚫어 보라."고 말하지 않는다. 왜냐하면, 이런 말들은 과도한 힘을 쓰도록 암시하기 때문이다. 그 대신에 "관찰하라, 지켜보라, 알아차리라, 주의를 기울이라."고 권한다. 긴장하고 있거나, 긴장되어가는 것이 느껴지면 먼저 긴장을 풀라고 한다.

바른 마음가짐을 갖는 것 또한 매우 중요하다. 바른 마음가짐[지혜로운 주의(yoniso manasikāra), 如理作意]을 갖는다는 것은 무슨 뜻인가? 잘못된 마음을 쓰지 않아야 할 곳에 잘못된 마음을 쓰지 않고, 올바른 마음을 써야 할 곳에 올바른 마음을 쓰는 것을 말한다. 따라서 잘못된 관념들이나 잘못된 정보, 번뇌에 대한 무지는 수행자의 마음가짐에 나쁜 영향을 미친다.

우리는 모두 잘못된 마음가짐을 가질 수 있다. 아니 그것을 가질 수밖에 없다. 그러므로 바른 마음가짐을 가지려고 노력하기보다는, 바른 마음가짐을 가지고 있는지 잘못된 마음가짐을 가지고 있는지 알려고 해야 한다

올바른 마음가짐은 수행자로 하여금 즐거운 일이나 불쾌한 일이나 그 모든 것을 편안하고 깨어있는 마음으로 받아들이고 관찰할 수 있게 해 준다. 좋고 싫은 모든 대상을 받아들이고 지켜볼 줄 알아야 한다. 비록 그것이 좋은 것이든 싫은 것이든, 모든 대상은 마음이 사물을 있는 그대로 받아들이는지 또는 좋아하는지, 싫어하는지, 어떻게 반응하고, 판단하는지를 관찰할 수 있는 배움의 기회를 준다.

자신의 수행을 판단하고 그것이 되어가는 것에 대해 못마땅하게 생각하는 것은 잘못된 마음가짐이다. 일들이 원하는 대로 되지 않는다는 생각, 달라져야 한다는 욕구, 어떻게 하는 것이 바르게 수행하는 것인가를 알지 못하는 무지로 인하여 불만족스러운 마음은 일어나지만 이런 마음가짐들은 마음을 닫게 하고 수행을 방해한다. 불만족스러움을 인식하고 충분히 받아들이고, 깨어있는 마음으로 지켜보려고 노력해야 한다. 불만족스러운 체험을 관찰하고 탐구하는 이런 과정 중에서 그 원인들이 명백해질 것이고, 그 원인을 알게 됨으로써 불만족은 사라질 것이며, 다시 일어날 때 그것들을 인식하는 것을 돕게 될 것이다.

번뇌가 있다는 것을 받아들이지 않는다면 그것들은 더욱 강해질 것
이다. 번뇌는 수행이 진척되는 것을 방해하고, 수행자의 삶을 충실
히 살아가지 못하게 한다. 번뇌는 진정한 평화와 자유를 발견하지
못하게 한다. 따라서 번뇌를 가벼이 여기지 말라. 번뇌가 당신을
비웃게 된다. 번뇌를 조심하라. 수행자의 마음속에서 일어나는 번
뇌를 알아야 한다. 그것들을 관찰하고 이해하려고 노력해야 한다.
그것들에 집착하거나, 거부하거나, 무시하지 말고, 그것을 자신과
동일시하지도 말라. 수행자가 번뇌에 더 이상 집착하지 않고 자신
과 동일시하지 않을 때 번뇌의 힘은 점점 약해질 것이다.

여기서 말하는 번뇌(defilements)란 몸과 마음을 괴롭게 하고 더럽히
는 모든 망념(妄念)과 염오(染汚)를 뜻한다. 분명히 드러나는 탐심과
진심, 어리석음뿐만이 아니라 그것들과 관련되어 있는 모든 것을
포함하는 넓은 뜻이다. 수행자의 마음속에 다음과 같거나 비슷한
생각들이 스쳐 지나간 적은 없었는지 살펴보라.

　'대낮에 전등을 왜 켜 놓은 거야! 저 사람 하는 짓은 정말 짜증
나. 운전 중에 앞서 가는 차량이 끼어들기 하는 것을 보고 나는 차
선을 지키는데, 저 차량운전자는 몰상식해. 저 사람들, 왜 저렇게

떠드는 거야! 시끄러워 죽겠네! 이곳은 사람이 너무 많아 수행할 수가 없어! 누가 내 자리에 앉아 있는 거야! 저 여자 정말 예쁘군! 저 남자 걸음걸이가 되게 멋진데!'

이런 생각들은 모두 번뇌로부터 비롯된다.

때때로 상대방이 당신의 의견에 동의하지 않을 때 저절로 언성이 높아지지는 않는지. 이런 모든 말들은 번뇌로부터 나오는 것이다. 이런 말들을 조심해야 한다. 다른 사람의 방문을 너무 세게 두드린다든지, 안에 싫어하는 사람이 있다는 이유로 그 방에 들어가지 않는다든지, 새치기 한다든지, 욕실에서 다른 사람의 샴푸를 쓴다든지, 회사 전화라고 마음대로 쓰는 등 이와 유사한 행동들을 무심코 한 적이 있다면, 이런 행동들은 모두 번뇌에서 생긴 것이다. 이러한 행동들을 알아차려야 한다.

수행자는 스스로 몸의 감각과 마음의 느낌, 그리고 마음의 갈망을 알아차릴 수 있다. 그러나 그것들을 '나의 것'이라고 생각하면 안 된다. 그것들은 단지 그것들일 뿐이다. 감각은 감각이고, 느낌은 느낌이고, 마음의 갈망은 마음의 활동이다. 그것이 그것들의 근본적인 성품이다. 항상 이런 견해를 마음에 갖고 있으면서 그것들을 관찰하려고 해야 한다. 그렇지 않고, 그것들을 '나의 것'이라고 생각한다면, 집착이나 혐오가 생기는 것을 피할 수 없다. 오직, 마음의 활동과 느낌을 통해서만 마음을 알아차릴 수 있다.

대상을 관찰하고, 조사하고, 그 본성을 이해하는 것을 배우는 것이, 그것이 사라지는 것을 보기를 원하거나 혹은 사라지게 하려고 노력하는 것보다 더 중요하다. 대상이 사라지기를 바라는 것은 잘못된 마음가짐이다.

스스로의 마음을 관찰하게 되면, 지금까지 알아차리지 못했던 고정관념, 욕망, 공포, 희망, 기대를 발견하게 되어 수행자는 놀라고, 아연하고, 심지어는 충격을 받을 수도 있다.

누군가를 싫어하기 시작하는 순간, 마음속에는 그에 대한 선입견이 만들어진다. 그러한 선입견은 그 사람을 고정된 시각으로 보게 하는 원인이 되어서 그가 실제로 어떤 사람인지 알지 못하게 한다. 이것은 어리석음이 작용하고 있다는 증거다.

234

어려운 상황을 계속 회피한다면, 배우고 성장할 수 없다. 번뇌들을 다룰 때 특히 그러하다. 번뇌들과 직접 대면하는 것을 배움으로써 그들의 자연적인 성품을 조사하고 이해할 수 있게 되며 그럼으로써 번뇌로부터 초연할 수 있게 될 것이다.

사띠를 두려고 너무 열심히 노력하면 기운을 너무 빨리 소비하게 되어 하루 종일 사띠를 유지할 수 없게 될 수도 있다. 편안한 마음으로 수행하면 기운을 보존할 수 있어서 오랜 기간 동안 수행할 수 있을 것이다. 오랜 기간 수행할 사람이라면 힘을 낭비해서는 안 된다. 수행은 평생이 걸리는 사업이다. 이것은 장거리 경주이지, 100 m 달리기가 아니다.

망상은 자연스런 마음의 활동이다. 그것을 계속해서 떨쳐 버리려고만 한다면 자연스러운 것을 받아들이지 않는 것이다. 일단 이것을 받아들인다면, 즉 바른 마음가짐을 갖는다면 망상하는 마음을 지켜보는 것이 쉬워진다. 수행 초기에는 자신의 생각에 빈번히 빠져버릴지도 모르지만 상관없다. 시간이 지나고 수행을 계속하다

보면 망상을 '단지 생각들'이라고 관찰하기 시작할 것이고 망상에 빠지는 횟수가 점점 줄어들게 될 것이기 때문이다.

거부하지도 말고, 기대하지도 말라. 모든 것을 있는 그대로 받아들이라. 망상은 문제가 되지 않는다. 망상해서는 안 된다는 마음가짐이 문제다. 대상은 사실상 중요하지 않다. 어떻게 관찰하고 보느냐, 그것을 알아차리고 있는 것이 매우 중요하다.

강한 사띠란 어떤 힘이 아니다. 번뇌가 없고 바른 마음가짐을 가졌을 때 사띠는 강하다. 때로는 어려운 일이 생겼을 때 마음은 관찰하거나 수행하기를 주저한다. 이럴 때는 자신의 능력과 마음의 상태에 따라서 알아차림을 계속하든지 아니면 그냥 멈추고 맑은 정신으로 쉬는 것이 좋다.

삶을 살아가면서 자신이 다른 사람을 위해서 행한 어떠한 일에 대해서도 아무런 보상을 바라지 않아야 된다는 것을 배워야 한다. 그와 마찬가지로 알아차리는 일을 함에 있어서도 어떤 결과나 좋은 경험을 바라지 않아야 된다는 것을 배워야 한다.

수행하려고 눈을 감는 순간, 갑자기 많은 생각이 떠오르는 것 같은 느낌이 들지도 모른다. 그러나 실제로 마음은 언제나 생각하고 있다. 단지 눈을 뜨고 있을 때에는 생각보다는 외부의 대상(색깔, 형상 등)에 주의가 더 기울어져 있기 때문에 알아채지 못했을 뿐이다.

만약 누군가가 당신의 물건을 훔쳐갔을 때 스스로에게 아무렇지도 않다고 그것도 일종의 보시라고 말하려고 하지 말라. 그것은 마음의 속임수이다. 자신의 곤혹스러움을 인식하고 그대로 받아들여야 한다. 자신의 곤혹스러움을 직접 지켜보고 이해할 수 있을 때에만 그것을 완전히 놓아버릴 수 있다.

대화할 때 우리는 주의를 밖으로 기울이고 대화 주체나 상대방에게 빠져드는 버릇이 있다. 그러나 자신의 마음가짐을 계속 알아차리고 있도록 자신을 훈련시킨다면 당신은 더 이상 대화에 감정적으로 빠져들지 않을 수 있을 정도에 이를 수 있다. 이때 지혜가 생겨난다.

자연스레 자신의 한계를 인식하기 시작하고, 언제 대화를 중단해야 할지, 무슨 말을 하고, 무슨 말을 하지 말아야 할지를 알며,

또한 감정을 개입시키지 않고 말하는 방법을 알게 될 것이다.

수행의 경험이 쌓여갈수록 당신은 수행이 어떠한 것인지 안다고 생각하기 시작할 것이다. 그러나 그렇게 성급하게 결론을 내 버리는 것은 당신의 지혜가 더욱 깊어지는 것을 방해한다. 수행에 대한 경험이 넓어지고 깊어질 때 자기 체험의 본질에 대해서 결론을 내리려 하거나, 심지어는 무상(無常)과 같은 근본적인 진리를 깨달았다고 생각할지도 모른다. 하지만 이런 잘못된 마음가짐은 더 깊이 보는 것을 막고 수행의 진전을 방해할 것이다.

모든 움직임이나 행위의 초기에만 의도가 일어나는 것은 아니다. 각 움직임이나 행동의 전 과정에 의도가 있다. 심지어는 앉아있는 매 순간마다에도 의도가 있다. 이것을 기억하는 것이 중요하다.

끊임없이 대상과 접촉하려고 하는 것이 마음의 본성이므로 대상을 보려고 특별히 노력할 필요는 없다. 단지 무엇이 있는지 알아차릴 수 있게 되면 족하다. 바른 대상이라고 생각되는 것만을 보려고 하지 말고, 또한 자신의 체험을 억제하거나 조작할 필요가 없다.

자신이 같은 것을 몇 번이고 보고 또 보고 있다가 생각한다면 지루해질 것이다. 그러나 자신의 경험을 자세히 살펴보면 정확히 똑같다고 느끼는 두 순간은 없다는 것을 알게 될 것이다. 지루하게 느끼도록 만드는 것은 '같은 것을 지켜보고 있다.'는 자신의 생각이다. 사실상, 아무것도 결코 같지 않다. 매 순간은 항상 새롭다. 이것을 정말 알 수 있으면 당신의 마음은 무엇을 관찰하든 언제나 재미있을 것이다. 지루한 순간은 결단코 없다. 왜냐하면 당신의 체험이 '모든 현상'은 언제나 변하고 있음을 분명하게 보여줄 것이기 때문이다.

알아차림을 계발하기 위해서는 시간이 필요하다. 수행 초기에는 스스로에게 알아차리고 있을 것을 계속 일깨워 줘야 하지만, 가속도가 붙게 되면 자연스럽게 알아차릴 수 있다. 따라서 알아차림을 억지로 강하게 할 필요는 없다. 단지 끊임없는 알아차림에 의해서만 가속도가 붙게 된다.

마음이 현재에 있으면, 무엇이 일어나고 있는지 알아차리게 된다. 단지 자신을 현재 순간에 머물러 있도록 일깨우는 것, 이것이 사띠를 두기 위해 필요한 노력의 전부다. 일단 알아차림에 가속도가 붙게 되면, 알아차림을 알아차리고 있음으로써 가속도는 유지될 것이다.

수행하려는 의욕을 잃거나, 어떻게 수행해야 할지 모르겠다는 느낌이 들 때는 당황하지 말고 억지로 하려면 안 된다. 스스로에게 긴장을 풀 것을 일깨워 주기만 하면 된다. 잠시 후 수행하고 싶은 마음이 자연스럽게 다시 되살아날 때까지 기다려야 한다. 억지로 애쓰는 것은 상황을 더욱 악화시킬 뿐이다.

번뇌를 이해하기 위해서는 몇 번이고 반복해서 지켜봐야 한다. 만약 번뇌의 본성을 알게 되면, 번뇌는 사라질 것이다. 수행자는 '내가 번뇌에 오염되어 있다.'가 아니라, 번뇌를 단지 번뇌로만 지켜보는 것을 배워야 한다.

수행에 관한 이론적인 지식을 조금 갖는 것은 중요하지만, 그것에 집착하지는 말아야 한다. 수행이론과 맞는 것처럼 보이는 경험을 했을 때 또한 성급히 결론내리는 것을 조심해야 한다. 일단 어떤 것을 경험적 차원에서 진실로 이해하게 되면, 자신이 처음 그 이론을 해석한 것과 실제로 이해한 것 사이에는 커다란 차이가 있음을 알게 된다.

수행자는 지금 이 순간에 경험하고 있는 것만을 관찰할 수 있을 뿐이다. 이미 지나간 것이나, 아직 일어나지 않은 것을 관찰할 수는 없다. 그렇다고 해서 지금 일어나고 있는 것에 관여하거나 개입하면 안 된다. 단지 그것을 알아차려야 할 뿐이다.

자신의 사띠를 알아차리고 있다면, 수행하고 있는 것이다. 자신의 사띠를 지켜볼 줄 알게 되면, 사띠가 있는 줄 알고, 잠시 그것을 놓쳤을 때는 언제나 사띠를 놓친 것을 바로 알게 된다.

수행을 처음 시작했을 때에는 지켜봐야 할 것들이 너무 많다고 느낄 수도 있다. 그러나 수행에 가속도가 붙게 되면, 모든 것이 도를 늦춘 것처럼 보이고, 보다 더 상세히 지켜볼 충분한 시간이 있을 것이다. 마치 그것은 달리는 기차를 보는 것과 같다. 철길 가까이 서서 고속으로 지나가는 기차를 쳐다본다면, 주로 기차의 움직임은 보이지만 상세한 것은 거의 볼 수 없을 것이다. 반면에 달리는 기차에 타고 있으면서 비슷한 속도로 나란히 달리는 다른 기차를 본다면, 그 기차의 전체 모습은 볼 수 없지만 상세한 것은 볼 수 있는 시간을 충분히 가질 수 있을 것이다.

수행자가 이해하고 기억해야 할 것 중의 하나는 마음을 홀로 내버려 둬서는 안 된다는 것이다. 마음을 끊임없이 지켜봐야 한다. 마치 정원을 돌보지 않으면 잡초로 뒤덮이는 것과 같이 자신의 마음을 지켜보지 않는다면 번뇌들이 자라고 늘어난다. 마음은 당신의 소유가 아니지만, 당신은 마음의 책임자이다.

탐심은 유익하지 못한 의지, 번뇌다. 원(願)을 세우는 것은 유익한 의지, 지혜의 표현이다. 마음속에 바라는 마음이 생길 때, 그것의 자연적인 성품을 보는 것을 알아야 한다. 누군가에 의해 기분이 상하거나 실망할 때 또는 사물이 존재하는 방식에 대한 어떤 저항감을 느낄 때는 언제나 당신의 마음은 무엇인가를 바라는 것이고, 이것이 번뇌임을 알아차리면 된다.

우리는 평생 동안 습관적으로 추구하고 집착한다. 뒤로 물러나서 이런 마음이 일어나는 것을 담담히 지켜보기는 어렵다. 그러나 이런 습관들을 알고 이해하기 위해서는 뒤로 물러나서 지켜보는 것이 필수적이다. 마음속에 집착이나 거부감이 있을 때는 언제나 그것을 관찰의 첫 번째 대상으로 삼아야 한다.

졸음이 오면 졸음을 지켜보려고 시도하기 전에 먼저 마음가짐을 점

242

검해야 한다. 좌선할 때마다 졸린다면 나쁜 습관이다. 그러므로 졸리기 시작하면 눈을 뜨는 것이 좋다. 그래도 계속 졸리면 일어나서 걸어야 한다. 저녁 무렵에 피곤해 진다면 아마도 하루 내내 다른 일로 과도한 힘을 썼을 것이다. 차라리 이럴 때는 편히 쉬는 것이 좋다.

졸음을 거부한다면 수행은 싸움이 될 것이다. 만약 졸음을 받아들인다면 알아차리기가 쉬워짐을 깨닫게 된다. 졸음이 오는 것은 아주 자연스러운 것이기 때문이다. 졸음을 나쁘게 느낀다면 그것을 싫어한다는 뜻이며, 당신은 그것에 대해 저항하려 할 것이다. 이것은 잘못된 마음가짐이다. 단순히 알아차리고 받아들여야 한다. 바른 마음가짐으로 졸음을 관찰하고 있는 한 당신은 수행하고 있는 것이다.

수행을 처음 시작할 때는, 생각은 단지 생각이고 느낌은 단지 느낌이라고 스스로에게 계속 일깨워 주어야 한다. 차츰 더 경험을 쌓아감에 따라 점차로 이 말의 참된 의미를 알게 될 것이다. 그러나 생각과 느낌을 자신과 동일시하는 한, 즉 '내가 생각한다', '내가 느낀다.'라고 여기면 사물을 있는 그대로 볼 수 없게 된다.

자신의 수행에 만족하지 못하거나 너무 심각하게 수행한다면 수행을 통한 즐거움과 고요함을 맛보지 못하게 된다. 자신의 수행에 불만이 있다면 아마도 무엇인가를 원하고 있다고 보아야 한다. 그렇게 되면 수행을 강하게 하려 할 지도 모르지만, 그것은 도움이 되지 않는다.

일어나는 모든 것이 단지 원인과 결과의 연기적 표현임을 이해할 필요가 있다. 먼저 사물을 있는 그대로 받아들이고, '이것은 내가 아니다', '이것은 단지 조건적 발생의 법칙, 즉 연기 그대로의 작용일 뿐이다.'라고 봐야 한다. 이것이야말로 번뇌를 제거할 수 있는 지혜이다.

마음이 생각하거나 망상할 때, 또는 어떤 소리에 계속 주의를 끌 때는, 그대로 그것을 알아차리기만 하면 된다. 생각하는 것은 자연스러운 마음의 활동이다. 귀가 정상이라면 소리를 듣는 것은 자연스러운 것이다. 마음이 생각하고 있는 것이나 듣고 있는 것을 알아차리고 있다면 수행이 잘 되고 있는 것이다. 그러나 생각이나 소리에 의해 방해받고 있다고 느낀다거나, 그것들에 대해서 인식[想]하거나 의도 또는 형성하려고 한다면 마음가짐에 문제가 있는 것이다. 망상하는 마음이나 소리는 문제가 되지 않는다. 그런 것들이 주위에 있어서는 안 된다고 생각하는 마음가짐이 문제다.

● 참고문헌 ●

빠알리 삼장 번역본 2006.

- 각묵 스님 옮김,『디가니까야』(전3권) 초기불전연구원, 2006.
- 전재성 역주,『쌍윳따니까야』(전7권) 한국빠알리성전협회, 2006.
- 전재성 역주,『맛지마니까야』(전5권) 한국빠알리성전협회, 개정 3판 2003.
- 대림 스님 옮김,『앙굿따라니까야』(전6권) 초기불전연구원, 2006.

일반 단행본

- 각묵 스님,『금강경 역해-금강경 산스끄리뜨 원전 분석 및 주해』,
  불광출판사, 재판4쇄 2006.
- 대림 스님 / 각묵 스님,『아비담마 길라잡이』(전2권), 초기불전연구원, 초판5쇄 2006.
- 붓다고사 스님 지음 / 대림 스님 옮김,
  『청정도론』(전3권), 초기불전연구원, 초판 2쇄 2005.
- 대림 스님,『들숨날숨에 마음 챙기는 공부』, 초기불전연구원, 개정판 2005.
- 각묵 스님 옮김,『부처님의 마지막 발자취-대반열반경』, 초기불전연구원, 초판2007.
- 구나라뜨나 지음 / 유창모 옮김,『우리는 어떤 과정을 통하여 다시 태어나는가 -
  재생에 대한 아비담마적 해석-』, 고요한 소리, 2판 2003.
- 프란시스 스토리 지음 / 재연 스님 옮김,『사성제』, 고요한 소리, 1판2쇄 2009.
- 삐야닷시 스님 지음 / 전채린 옮김,『칠각지』, 고요한 소리, 초판 2006.
- 삐야닷시 스님 지음 / 소만 옮김,『마음, 과연 무엇인가』, 고요한 소리, 초판 1991.
- 아차리아 붓다락키따 지음 / 강대자행 옮김,『자비관』, 고요한 소리, 초판 2004.
- 아신 떼자니야 지음,『수행의 길라잡이』, 쉐우민 수행센터, 초판 2006.
- 냐나틸로카 엮음 / 김재성 옮김,『붓다의 말씀』, 고요한 소리, 초판 3판 2007.
- 잭 콘필드 · 폴 브로이터 엮음 / 김열권 옮김,『고요한 숲속의 연못』, 고요한 소리, 초판
1997.

김승석 변호사의
사띠빠타나
따라하기

나 홀로
명상

지은이 김승석
2009년 10월 17일 초판 1쇄
2009년 10월 21일 초판 발행

펴낸이 박상근(포弘)
주간 류지호
책임편집 사기순
디자인 김소현
사진 하지권
제작 김명환
홍보마케팅 허성국
관리 윤애경

펴낸 곳 불광출판사
종로구 수송동 46-21 3층
대표전화 02) 420-3200
편집부 02) 420-3300
팩시밀리 02) 420-3400

출판등록 제1-183호(1979. 10. 10)

ISBN 978-89-7479-568-9 03220
값 12,000원

독자의 의견을 기다립니다.
http://www.bulkwang.org

잘못된 책은 바꾸어 드립니다.